챗 GPT
프롬프트 디자인

챗 GPT 프롬프트 디자인

초판 발행 2023년 10월 23일

지은이 김현종 **펴낸이** 이성용 **책디자인** 책돼지
펴낸곳 빈티지하우스 **주소** 서울시 마포구 성산로 154 4층 407호(성산동, 충영빌딩)
전화 02-355-2696 **팩스** 02-6442-2696 **이메일** vintagehouse_book@naver.com
등록 제 2017-000161호 (2017년 6월 15일) **ISBN** 979-11-89249-78-6 03320

김현종
지음

챗 GPT
프롬프트 디자인

인공지능 시대를 준비하는 최소한의 교양

빈티지하우스
VINTAGE HOUSE

목차

IT 모먼트,
IT의 결정적인 순간들

불과 작년까지만 해도 IT 업계에서는 '블록체인', '메타버스', '웹 3.0'이
모든 뉴스를 삼켜버리는 뜨거운 감자였습니다. 하지만 2023년에
들어서자 언제 그랬냐는 듯이 여기저기서 '인공지능', 'AI', 'ChatGPT'를
외치고 있습니다. 이제는 약간 유행이 지난 것 같은 키워드가 된
'메타버스', '블록체인', '웹 3.0'처럼 '인공지능'도 한때의 유행일까요?
흘러가는 키워드가 될까요?

블록체인　　　 메타버스　　　 웹 3.0

(출처 : 위키피디아)

저는 그렇게 생각하지 않습니다. 생각해보면 제가 지금까지 살아오면서 IT 업계에는 몇 차례 중요한 순간들이 있었습니다. 그때마다 변화에 적응한 기업들이 어떻게 성장했는지 그리고 변화에 적응하지 못한 기업들이 어떻게 사라져갔는지를 봐왔습니다. 이러한 경험들을 비추어봤을 때, 2023년의 인공지능 열풍은 결코 한때의 유행처럼 지나가는 키워드가 아니라 새로운 세상을 향한 변화의 'moment'라는 확신이 들었습니다.

'moment'라는 단어는 사전적인 의미로 '순간' 또는 '시점'이라는 뜻입니다. 그런데 'IT moment', 'GUI moment', 'Internet moment', 'iPhone moment' 같은 표현에서 쓰이는 'moment'는 조금 특별한 의미를 가지고 있습니다. 이때 쓰인 '모먼트'에는 어떤 중요한 변화나 발전이 있었던 특정한 시기를 가리키는 의미로 쓰입니다.

예를 들어, 봄에서 여름으로 넘어가는 그 순간을 우리는 '봄의 끝'이자 '여름의 시작'이라고 생각합니다. 이런 변화의 순간을 '모먼트'라고 부르는 것입니다. 따라서 'IT moment', 'GUI moment', 'Internet moment', 'iPhone moment'라고 불렸던 시기는 기술의 혁신적인 발전으로 인해 세상이 크게 변화했던 현상이 발생한 시기였습니다.

'IT 모먼트'는 정보 기술이 급격하게 발전하고 널리 퍼져나가 세상이 바뀌는 일종의 패러다임 시프트가 일어난 특정한 시기들을 말합니다. 지금부터 제가 지금까지 살아오면서 경험했던 그래픽 사용자 인터페이스 모먼트GUI moment, 인터넷 모먼트Internet moment, 아이폰 모먼트iPhone moment를 통해 지금 주목받고 있는 '인공지능'이 왜 인공지능 모먼트AI moment인지를 알려드리겠습니다.

그래픽 사용자 인터페이스의 등장 : GUI 모먼트

지금으로부터 약 35년 전…….

제가 아주 어렸을 때, 저희 집에는 16비트짜리 컴퓨터가 한 대

있었습니다. 기억하시는 분들도 계시겠지만, 그 당시 컴퓨터는

키보드만을 사용하여 명령어를 하나하나 입력해야만 조작되는 복잡한

기계였습니다.

지금은 그래픽 사용자 인터페이스^{Graphic User Interface : GUI}가 일반적이기

때문에 마우스나 트랙패드를 사용하여 컴퓨터를 조작하는 것이

당연한 일이지만 GUI가 등장하기 전까지는 컴퓨터를 사용하기 위해서

사용자가 특정 명령어를 알아야만 했기 때문에 컴퓨터 사용이 매우

● 16비트 컴퓨터

(출처 : 위키피디아)

어려웠습니다. 하지만 그런 상황은 마우스와 윈도우 3.1이라는 GUI를
지원하는 운영체계가 등장하면서 극적으로 변했습니다.

마우스와 GUI를 도입한 윈도우 3.1은 컴퓨터의 조작 방식을 완전히
바꿔놓았습니다. 마우스를 움직이면 화면 속 커서가 따라서 움직이고,
클릭 몇 번이면 프로그램을 설치하거나 실행하고 삭제할 수 있게
되었습니다. 덕분에 복잡한 명령어를 외울 필요가 없어졌고, 때문에
누구나 컴퓨터를 사용할 수 있는 시대가 되었습니다.

DOS 시절에는 저희 집에 저 말고는 컴퓨터를 다루는 사람이 없었지만,
지금은 70세를 바라보시는 저희 부모님도 컴퓨터를 능숙하게
다루십니다. 이렇듯 컴퓨터의 사용이 쉬워지니 컴퓨터는 본격적으로
대중화되기 시작했습니다.
컴퓨터가 사람보다 계산도 빠르고, 타자기 같은 문서 작성 기계보다
좋은 점이 많은 것은 알았지만, 이전에는 전문가나 엔지니어만이 다룰
수 있었던 어려운 컴퓨터가 GUI의 등장으로 일반인도 쉽게 사용할 수
있는 도구가 된 것입니다.
그 결과, 집집마다 학교마다 컴퓨터가 보급되기 시작했고, 이에 따라
컴퓨터 관련 산업이 빠르게 성장하였습니다.

● DOS 화면

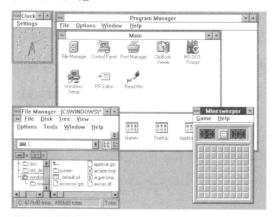

● Window 3.1 화면

(출처 : 위키피디아)

그래픽 사용자 인터페이스^{GUI}의 발전은 우리가 컴퓨터를 이해하고 사용하는 방식에 혁명을 가져왔습니다. 이러한 혁신은 컴퓨터 사용의 장벽을 낮추었고, 이에 따라 컴퓨터는 점차 우리의 일상생활에 자리 잡게 되었습니다. 이 'GUI 모먼트'가 사실상 컴퓨터 보급화의 첫걸음이었던 셈입니다.

그 결과, 컴퓨터를 집집마다 보급하는 데 선구자 역할을 한 IBM, 인텔, 애플, 마이크로소프트 같은 IT 기업들은 빠르게 성장했습니다. 이들 기업의 성공은 그들이 GUI의 중요성을 이해하고 이를 제품에 잘 적용하여 대중들이 쉽게 컴퓨터를 사용할 수 있게 만든 덕분이었습니다.

결과론적으로 보면 컴퓨터의 대중화는 인터넷 시대의 기반을 마련하는 데 결정적인 역할을 하였습니다. 컴퓨터가 일상생활에 보편화되면서 사람들은 컴퓨터를 활용할 수 있게 되었고, 이로 인해 컴퓨터를 활용한 비즈니스가 생겨났고, 더 나아가 그들을 연결함으로써 새로운 사업의 기회를 찾을 수 있었기 때문입니다.

그래서 'GUI 모먼트'는 컴퓨터 보급화와 인터넷 시대의 시작을 알리는 중요한 순간이라 할 수 있습니다. 이러한 변화를 이끌어낸 IT 기업들은 혁신적인 기술을 통해 사람들의 생활을 변화시키고, 그 과정에서 세계를 선도하는 거대 기업으로 성장하였습니다.

인터넷의 등장 :
인터넷 모먼트

GUI 모먼트를 통해 컴퓨터가 일상생활에 보급되면서 생활 방식에도

많은 변화가 일어났습니다. 그중에서도 인터넷의 등장은 사회적,

문화적, 경제적 풍경을 완전히 바꾸었습니다.

인터넷 등장 이전에도 PC 통신 서비스인 천리안이나 하이텔,

나우누리와 같은 서비스를 활용하여 채팅을 하거나, 머드 게임을 하는

등 온라인 활동을 할 수 있었습니다. 하지만 이는 한정적인 공간에서

한정적인 대상과 연결이 가능했던 것에 반해, 인터넷의 등장 이후에는

인터넷을 통해 연결의 대상과 활동 무대가 전 세계로 확장되었습니다.

● PC 통신

```
hitel
PLAZA                          큰마을                      1/562(총 8424건)

번 호  이 름      ID       날 짜  조회  추천   제 목

10652 임병국    바다소년    12-12   18    0 pc통신이 신문에 났네요
10651 배진표    vaxvirus   12-12   12    0 아직도살아있는하이텔
10649 전경석    HELLO      12-12   32    1 오랫만에 왔습니다.
10648 류재형    그럴수가    12-11   22    0 우리나라는 침략맞이 받은 나라인..
10647 류재형    그럴수가    12-08   31    0 새롬데이타맨 다운받는 곳...
10646 류재형    그럴수가    12-07   25    0 새롬데이타맨 다운 받는 곳..
10645 우선형    Hyoung77   12-06   26    0 www.01411.net 접속!
10644 류재형    그럴수가    12-06   23    0 대통령의 호소?
10643 류재형    그럴수가    12-06   17    0 전교조 빨갱이?
10642 배진환    kstf12     12-05   21    0 오랜만이다 하이텔넷
10640 이근행    hd3474     12-05   16    0 3전억불인데 왜 일자리가 없는가?
10639 류재형    그럴수가    12-04   22    0 예수는 누가 죽었나?
10638 류재형    그럴수가    12-04   12    0 양심이란 말의 출처는?
10637 류재형    그럴수가    12-04   13    0 선거동물, 선거쉬파리들?
10636 류재형    그럴수가    12-04   12    0 경기부양책을 제시한다.

M1 IT플라자              M2 주식이야기              M3 플라자후기

이동(C) 편집(D:N,DD,E,DN,PR,PT,TW) 검색(L:LZ,LS,LT,LD,LT,LN,LG,LR,TL,LC)
선택(H:도움말) >>
```

● 머드게임

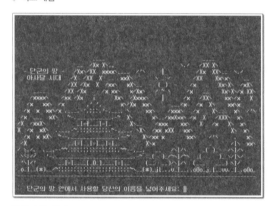

(출처 : 나무위키)

누구나 웹사이트 주소만 알면 세계 어느 곳에서도 접속이 가능해지도록 만든 혁신적인 순간이 바로 '인터넷 모먼트'였습니다.

이 인터넷 모먼트는 세 가지 핵심적인 변화를 이끌었습니다.

첫 번째, 전 세계 사용자가 연결되었습니다.

인터넷의 등장으로 지역에 구애받지 않고 전 세계 사람들과 소통하고 정보를 공유하는 것이 가능해졌습니다. 이로 인해 생활의 편리성은 물론, 새로운 사회적 인터랙션과 커뮤니케이션 방식이 탄생했습니다.

두 번째, 지식의 접근 및 확산이 용이해졌습니다.

인터넷이 전 세계를 연결하면서, 정보와 지식의 접근성이 혁신적으로 향상되었습니다. 더 이상 사람들은 정보를 얻기 위해 물리적인 거리를 이동할 필요가 없어졌습니다. 컴퓨터와 인터넷만 있으면 어디서든지 세계의 다양한 정보에 접근할 수 있게 되었습니다.

세 번째, know-how의 시대에서 know-where의 시대로 변화되었습니다.

인터넷은 막대한 양의 정보를 담고 있지만, 그 정보를 잘 활용하기 위해서는 어디에서 그 정보를 찾을 수 있는지 알아야 했습니다. 이로 인해 정보를 찾고 이해하는 능력이 중요해졌습니다. 이는 교육, 직업,

사회 활동 등 여러 분야에서 큰 변화를 가져왔습니다.

이러한 변화는 새로운 사업 기회를 창출하는 데 중요한 역할을
하였습니다. 사람들은 문서의 전자화를 통해 자신들의 정보에 다른
사람들이 더 쉽게 접근할 수 있도록 자발적 디지털화를 진행하였고,
이를 통해 내가 필요한 정보를 갖고 있는 사이트가 어디 있는지 좀 더
쉽게 찾을 수 있는 검색 사이트가 등장하게 되었습니다.
이러한 트렌드는 구글이나 아마존, 우리나라의 다음, 네이버와 같은
기업이 등장할 수 있는 변화의 계기가 되었고, 그 기회를 잘 잡은
회사들은 이전 GUI 모먼트를 잘 활용했던 기업들만큼이나 거대한 IT
기업으로 성장하였습니다.

아이폰의 등장:
아이폰 모먼트

세 번째 IT 모먼트는 바로 우리가 잘 알고 있는 아이폰의 등장과
관련이 있습니다. 아이폰의 등장 이전에도 스마트폰이 있었지만,
그것들은 우리의 삶을 별로 변화시키지 못했습니다. 그 당시 조롱 섞인
농담으로 '스마트폰'은 사용자가 '스마트'해야 쓸 수 있는 핸드폰이라는
이야기가 있었습니다. 그냥 인터넷이 되는 전화기, 그 이상도 이하도
아니었습니다. 그러나 아이폰의 등장으로 모든 것이 달라지게
되었습니다.

이 '아이폰 모먼트'는 다음과 같은 변화를 가져왔습니다.

● 아이폰이 처음 공개되던 날

(출처 : 위키피디아)

첫 번째, PC에서 모바일로 대부분의 서비스가 옮겨가는 변화가
일어났습니다.

이전에는 컴퓨터 앞에 앉아서 인터넷 웹사이트 접속을 통해 가능했던
일들이 아이폰의 등장으로 모바일 기기에서도 앱으로 가능하게
되었습니다. 그뿐만 아니라, 모바일 기기에 최적화된 가벼운
서비스들이 셀 수 없을 정도로 많이 쏟아져 나왔습니다. 그중에는
앱 하나가 특정 시장 전체의 비즈니스 모델을 흔드는 일들도
비일비재했습니다.

일례로 '카카오톡' 같은 무료 메신저의 등장은 통신 산업 전체를
뒤흔들었습니다. 전화와 SMS를 통해 연락을 주고받던 사람들이
Wi-Fi만 있으면 무료로 사용할 수 있는 메신저로 옮겨가자
우리나라뿐만 아니라 많은 해외 통신사들은 새로운 비즈니스 모델을
준비해야만 했습니다. 또한, 각종 예약과 구매를 모바일로 하면서
모바일에 최적화된 이커머스 기업들이 급성장하는 계기가 되었습니다.

두 번째, 미디어 산업이 광범위한 패러다임의 변화를 겪고 있습니다.
TV 앞에서 좋아하는 예능이나 드라마를 실시간으로 시청하던 시절은
이미 지난지 오래입니다. 현재는 많은 사람들이 모바일 기기를 통해

미디어 콘텐츠를 소비합니다. 그뿐만 아니라, 전통적인 TV나 라디오 방송국이 생산하는 미디어 콘텐츠의 영향력이 줄어드는 반면, 유튜브나 트위치 같은 플랫폼에서 생산되는 콘텐츠의 영향력은 매우 큰 성장을 보이고 있습니다.

과거에는 한정된 미디어가 콘텐츠를 생산하고 일방적인 공급을 하면서 영향력을 행사해왔습니다. 그랬던 기존 미디어들이 이제는 너도나도 유튜브 채널을 만들어 시청자들과 소통하고 구독자 수를 자랑하고 있습니다. 이러한 상황은 변화의 명확한 증거입니다. 이처럼 스마트폰은 미디어 콘텐츠의 생성, 배포, 소비의 방식을 완전히 새롭게 만들어, 미디어 산업의 미래를 재정의하였습니다.

세 번째, 데이터의 생성과 공유가 이전에 비해 훨씬 용이해졌습니다. '인터넷 모먼트'를 통해 사람들은 연결성을 즐기며 원하는 정보를 손쉽게 얻을 수 있었습니다. 그러나 정보나 콘텐츠를 생산하고 공유하는 능력은 한정된 사람들만이 가지고 있었습니다. 하지만 스마트폰의 보급 이후 누구나 쉽게 콘텐츠 공급자가 될 수 있게 되었습니다.

예를 들어, 30초 동안의 영상을 인터넷에 공유하려는 경우, 과거에는 캠코더나 디지털 카메라로 영상을 촬영하고, 프리미어 프로나 소니 베가스 같은 편집 도구를 사용해 영상을 편집한 다음, 웹사이트에 업로드할 수 있는 적절한 코덱으로 인코딩을 해야만 했습니다. 그러나 현재는 인스타그램이나 틱톡 같은 앱을 통해 영상을 찍고, 바로 편집하여 공유할 수 있게 되었습니다. 아이폰이 등장하기 이전에 비해서, 이제 누구나 굉장히 빠르게 다양한 데이터를 쉽게 생성하고, 쉽게 공유할 수 있습니다.

실제로 저희 부모님은 PC 통신을 해본 적도 없으셨고, 사진이나 동영상을 편집하여 인터넷에 공유하는 것은 더더욱 해보신 적이 없으셨습니다. 그러나 지금은 스마트폰을 통해 인스타그램에 사진이나 동영상을 쉽게 올리고 손주들이랑 소통도 하십니다.

이렇듯 '아이폰 모먼트'는 단지 훌륭한 디바이스가 탄생한 시점을 의미하는 것이 아닙니다. 이는 누구든지 손쉽게 다양한 형태의 데이터를 생성하고 공유하도록 하는 전환점을 의미합니다. 각종 서비스와 앱의 출현은 이 변화를 가속시켰고, 그 결과 우리는 이전과는 비교할 수 없는 양의 디지털 데이터를 생산, 수집할 수 있는 세상에 살게 되었습니다.

아이폰이 등장하고 우리 삶의 변화가 시작되었을 때, 아마도 그 당시에는 현재의 이러한 상황을 상상조차 하지 못했을 것입니다. 디지털 환경에서 매분 매초 생성되는 이 풍부한 데이터 덕분에 현대의 인공지능은 이전과는 비교할 수 없이 깊이 있고 광범위한 학습을 이루어 낼 수 있었고, 이는 과거의 어떠한 시점과도 비교할 수 없는 혁신적인 성능을 보여주고 있습니다. 그리고 우리는 그 변화의 문 앞에 서 있는 상태입니다.

아이폰 모먼트는 GUI 모먼트나 인터넷 모먼트와 마찬가지로 새로운 시대의 도래를 알림과 동시에 그 변화를 이끄는 기업들에게 엄청난 기회를 제공하였습니다. 이 기회를 잘 활용한 회사들은 새로운 시장을 창출하고, 놀라운 성장을 이루어냈습니다.

카카오, 인스타그램, 틱톡, 쿠팡, 배달의 민족 등은 15년 정도 되는 이 시기에 등장하여 눈부시게 성장한 새로운 비즈니스 모델을 적용한 새로운 기업들입니다.

우리가 지금 맞이하고 있는 인공지능의 시대를 잘 활용한다면 향후 5~10년 내에 이런 회사가 또 나오지 말라는 법이 없습니다. 아니, 반드시 인공지능의 시대에 적합한 새로운 비즈니스 모델로 엄청난 성공을 이루는 기업이 등장할 것입니다. 그리고 전 세계의 수많은

기업들이 인공지능의 시대를 맞이하여 승자가 되기 위해 지금 이
시간에도 인공지능을 연구하고 새로운 비즈니스 모델을 고민하고
있습니다.

우리는 십수 년을 주기로 우리의 삶과 디지털 세계가 만나는 지점에서
한 시대를 대표하는 기술적 돌파구를 통해 상상도 못했던 새로운
가능성을 열어냈습니다. 이런 돌파구들은 대중들이 이해하고 사용하기
쉽게 만들어진 인터페이스와 연결성, 그리고 누구나 쉽게 정보를
생성하고 공유할 수 있는 능력을 우리에게 가져왔습니다.

GUI 모먼트를 통해 개인용 컴퓨터가 대중화되었고, 텍스트 기반
인터페이스에서 벗어나 시각적으로 다양한 정보를 처리하고 전달할
수 있게 되었습니다. 이러한 변화는 컴퓨터를 개인의 생활에 더욱 깊게
녹여냈습니다.

인터넷 모먼트가 도래하면서 세상의 정보가 디지털화되고 온라인으로
이동했습니다. 이것은 데이터의 저장과 전송을 훨씬 효율적이고
접근하기 쉽게 만들었습니다. 정보를 빠르게 공유하고, 언제든지
어디서든지 검색하여 찾을 수 있게 되었습니다.

아이폰 모먼트는 기술의 한계를 다시 한번 넘어서, 우리가 정보를 소비하는 방식뿐 아니라, 우리 모두가 데이터를 쉽게 생성하고 공유할 수 있게 만들었습니다. 이는 단순히 컴퓨터 사용의 경험을 변화시키는 것을 넘어, 일상생활의 모든 면을 디지털화하고 온라인에 연결하는 새로운 시대를 열어냈습니다.

이 세 가지 IT 모먼트를 통해 우리는 끊임없이 데이터를 생성하고, 그것을 공유하며 온라인에 기록합니다. 이로 인해 풍부하고 다양한 데이터가 쌓이게 되고, 이는 인공지능이 발전하고 학습할 수 있는 기반을 제공합니다. 폭발적으로 늘어나는 데이터의 양과 질은 인공지능의 성능을 끊임없이 향상시키는 핵심 동력이 되었습니다. 이렇게 등장한 새 시대의 인공지능은 우리 삶의 모든 면을 개선할 수 있는 놀라운 능력과 가능성을 갖고 있습니다.

세 가지 결정적인 IT 모먼트를 경험하며 저는 주로 변화의 수혜자, 즉 소비자의 입장에서 그 시대를 살아왔습니다. 그때는 제가 청소년이거나 기술적으로 준비되어 있지 않았기 때문에 그 변화 속에서 기회를 잡는 대신 관찰하며 세상이 변하는 것을 지켜보고 있을 수밖에 없었지만, 이번 인공지능 모먼트^{AI Moment}에서는 이런 변화 속에서 새로운 기회에

도전해볼 수 있어서 매우 감사하게 생각하고 있습니다.

현재 저는 인공지능을 활용하여 업무를 자동화하는 새로운 서비스를
개발하고 공급하는 일을 하고 있습니다.
이 일을 하면서 저는 기존에 해오던 일이 어떻게 바뀌고 있으며, 앞으로
인공지능의 시대에 필요한 능력은 무엇인지 깊이 고민하고 있습니다.
이 고민의 과정에서 이런 변화가 특정 분야에서만 일어나는 것이
아니라, 전체 사회 어쩌면 인류 전체를 아우르는 대변동의 시기라는
생각이 들었습니다.

이런 이유로 제가 가진 소소한 정보와 지식을 공유하고자 이 글을 쓰게
되었습니다. 이 글이 우리 모두가 앞으로 다가올 미래에 대비하는 데
도움이 될 수 있기를 바랍니다.
인공지능을 이해하고 인공지능의 시대에 어떻게 대비할 것인지
알아보는 것은 새로운 미래를 맞이하는 첫걸음이 될 것입니다.

1장

대인공지능의 시대 : 인공지능 모먼트

지금이 왜
인공지능 모먼트인가?

시대의 변화를 명확하게 보여주는 그래픽 사용자 인터페이스GUI,

인터넷의 등장, 그리고 스마트폰의 대중화는 모두 지금의 인공지능이

방대한 학습 데이터에 접근할 수 있는 길을 열었습니다.

이들 변화는 컴퓨팅 파워의 상승과 데이터 처리 기술이 발전했기

때문이기도 하지만, 만약 모든 정보가 오직 책의 형태로 도서관에

저장되어 있었다면 오늘날의 인공지능은 상상조차 어려웠을 것입니다.

컴퓨터의 사용이 쉬워지면서 컴퓨터가 대중화되었고, 인터넷의

사용이 쉬워지면서 데이터를 전 세계적으로 공유하는 것이 훨씬

간단해졌습니다. 또한, 스마트폰의 사용이 쉬워지면서 누구나 쉽게 데이터를 생성하고 공유할 수 있게 되었습니다.

이러한 모든 변화가 운명처럼 순차적으로 발생했기 때문에 우리는 방대한 양의 데이터를 학습한 현대의 인공지능 모델을 볼 수 있게 되었습니다.

이 모든 변화의 완성은 또 하나의 시작점을 낳았습니다. 그것은 바로 챗GPT[ChatGPT]의 출현이었습니다.

챗GPT의 출현은 대인공지능의 시대의 개막을 알리는 이정표이며, 수많은 생성형 인공지능이 세상에 선보이는 시작점이 되었습니다. 챗GPT와 같은 챗봇형 서비스부터 그림 그리기, 영상 제작, 음악 작곡, 음성 복제, 더빙, 코딩, 문서를 읽고 요약하기, 다양한 언어로 번역하기 등 다양한 인공지능 기반 서비스들이 계속해서 등장하고 있습니다. 놀라운 점은 이 모든 일이 겨우 반년 만에 일어났다는 것입니다.

지금은 대인공지능의 시대의 문이 아주 조금 열린 것에 불과합니다. 챗GPT가 가장 잘 알려져 있긴 하지만, 구글의 대화형 서비스인 바드[Bard], 마이크로소프트의 검색엔진인 빙[Bing]에 장착된 Bing AI 등 여러 회사의 인공지능들이 다양한 플랫폼에서 적용되고 있습니다.

● 챗GPT

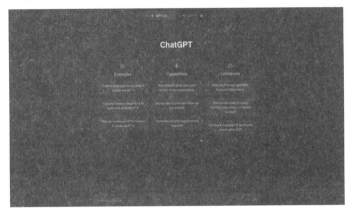

2017년 '트랜스포머' 모델의 등장 이후로 다양한 언어 모델이 계속해서 등장하고 있으며, 그 성능은 계속해서 향상되고 있습니다. 이는 인공지능이 점점 인간의 언어를 더 잘 이해하고, 인간과 복잡한 수준의 소통도 가능하게끔 발전하고 있다는 것을 의미합니다.

이른바 '인공지능 모먼트'의 도래는 우리의 일상, 산업, 사회 전반에 걸쳐 광범위한 변화를 불러올 것이 틀림없습니다. 의사결정에서부터 생산성 향상, 신규 사업모델 개발에 이르기까지 인공지능은 점차 중요한 역할을 하고 있고, 앞으로 더욱 비중이 높아질 것입니다.

'인공지능 모먼트'는 이제 겨우 시작입니다. 인공지능의 능력은 계속해서 발전하고 있고, 그로 인한 새로운 가능성이 계속해서 열리고 있습니다. 이로 인해, 우리는 (아이폰이 등장했던 그 당시와 마찬가지로) 사회, 경제, 문화 등 여러 분야에서 눈부신 혁신을 목격하게 될 것입니다.

지금이 '인공지능 모먼트'임을 알아야 하는 진정한 이유는 이러한 혁신의 과정에 우리가 참여하기 위해서입니다. 인공지능을 이해하고 인공지능을 잘 활용하는 것이야말로 미래를 선도하는 데 있어 가장 중요한 역할을 할 것이기 때문입니다.

인간 vs 인공지능 : 대결의 역사

인공지능의 역사는 인공지능이 인간을 넘어서기 위해 도전하는

끊임없는 대결의 연속이었습니다. 인공지능은 필연적으로 인간의

능력을 넘어설 수 있음을 증명하는 것이 목표였고, 인공지능을 만드는

사람들 역시 자신들이 만드는 인공지능이 인간의 능력을 특정 분야에서

압도하도록 만드는 것이 목표였기 때문입니다.

따라서 인공지능의 역사는 곧 인공지능과 인간의 대결로 표현되기도

합니다. 그렇다면 역사적으로 기억되는 인공지능과 인간의 대결에는

어떤 것이 있을까요? 인간에게 충격을 안겨준 인공지능과 인간의 대결

몇 개를 소개하겠습니다.

● 가리 카스파로프 TED 강연

(출처 : TED)

가장 먼저 언급할 것은 1997년 체스 세계 챔피언 '가리 카스파로프
Garry Kasparov'와 IBM의 슈퍼컴퓨터인 '딥 블루Deep Blue'의 체스
대결입니다. 1996년 필라델피아에서 열린 첫 시합에서는
카스파로프가 승리를 거두었지만, 단 1년 만에 성능을 개선한 딥 블루는
뉴욕에서 열린 2차 대결에서 카스파로프에게 승리를 거두게 됩니다.
당시 딥 블루의 승리는 인류에게 매우 충격적인 일이었지만,
인공지능을 개발하는 사람들에게는 엄청난 가능성을 보여주는
이정표와 같은 사건이 되었습니다.

2011년에는 IBM의 인공지능 컴퓨터 '왓슨Watson'이 ABC 텔레비전의
퀴즈쇼 '제퍼디!Jeopardy!'에서 그동안 다른 인간들을 상대로 압도적인
퀴즈 실력을 뽐내던 인간 챔피언을 큰 점수 차이로 물리쳤습니다.
왓슨은 텍스트 데이터를 처리하고 이해하는 능력을 보여주었지만,
여전히 그것은 인간 수준의 사고를 하거나 인간처럼 말할 수 있는 것이
아니었습니다.

2016년에는 우리에게도 큰 충격을 안겨줬던 딥마인드의
'알파고AlphaGo'가 바둑 세계 챔피언 이세돌 9단을 이기는 사건이
있었습니다.

● 왓슨과 인간의 퀴즈 대결

(출처 : 위키피디아)

대국 직전까지만 해도 이세돌 9단이 인공지능에게 질 것이라고
생각하는 바둑 관계자는 사실 거의 없었습니다. 바둑이라는 게임의
특성상 인공지능이 인간을 이기기 어렵다는 것이 당시의 상식이었기
때문입니다. 저 역시도 이세돌 9단이 전승을 하거나 실수로 1패 정도 할
것이라 생각했었습니다. 바둑은 체스나 장기보다 좀 더 오묘하고 깊은
사고력을 필요로 하는 게임이기 때문입니다.

하지만 결과는 1승 4패로 알파고의 압승이었습니다. 알파고는
이후에도 인간에게 승승장구하여, 이때 이세돌 9단이 따낸 1승은
'최초이자 최후의 1승'으로 평가받고 있으며, 이세돌 9단은 '알파고를
이긴 유일한 인간'으로 불리고 있습니다.
이세돌 9단과 알파고의 대결은 인공지능의 능력이 인간의 직관과
전략적 사고를 뛰어넘었음을 보여주는 중요한 사건이 되었습니다.

하지만 이러한 역사적인 대결들은 처음에 세간의 주목을 받았지만,
그 관심이 지속되지는 못했습니다. 왜냐하면 그것들은 대부분
우리의 일상이 아니었기 때문입니다. 체스, 퀴즈쇼, 바둑 심지어 특정
스포츠에서 인공지능이 인간을 이긴 사건은 그냥 하나의 흥미로운
뉴스일 뿐입니다. 실제로 우리가 살고 있는 삶에는 큰 영향을 미치지

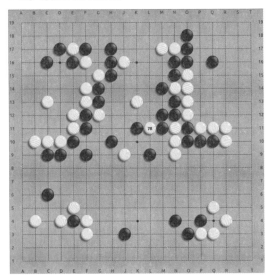

(출처 : 위키피디아)

못합니다. 퀴즈를 잘 풀고, 체스와 바둑을 잘 두는 인공지능이 내가 해야 할 일을 대신해 줄 수 없었기 때문이죠.

그런데 지금은 상황이 조금 바뀌었습니다. 챗GPT와 같은 인공지능은 인간의 언어를 이해하고 그것을 활용하는 능력을 보여주고 있습니다. 이로 인해 인공지능을 우리의 일상적인 업무에 적용될 수 있게 되었고, 이는 우리의 관심을 지속적으로 불러일으키고 있습니다. 사람들은 인공지능이 글을 쓰고, 언어를 번역하고, 고객서비스를 제공하는 것을 보며 그것이 어떻게 우리의 삶에 영향을 미칠 것인지를 주의 깊게 지켜보고 있습니다.

이제는 인공지능이 인간의 능력과 대등하거나 그 이상의 역량을 가질 수 있다는 사실을 입증하는 단계가 지났습니다. 이미 다양한 분야에서 인공지능은 인간의 활동을 보조하며 우리와 함께 일을 하고 있습니다. 저만 하더라도 필요한 논문을 찾아서 읽고 요약해주는 인공지능 툴과 포트 정보, 선박 데이터 등을 정리해주는 인공지능 그리고 지금 단계에서 필요한 업무를 스스로 판단하고 조언해주는 인공지능 툴을 수시로 만들어서 사용하고 있습니다.

이제 우리에게 필요한 것은 인공지능을 하나의 편리한 도구로

인식하고, 그것을 효율적으로 활용하여 우리의 업무능력과 생활환경을

개선하는 방법을 찾는 것입니다.

SF 영화처럼 인공지능은 우리가 극복해야 할 대상이 아닙니다. 또한,

우리를 대체하는 존재는 더더욱 아닙니다. 오히려 우리는 인공지능을

파트너로서 받아들이고, 인공지능의 능력을 최대한 활용해야 합니다.

인공지능을 적절히 활용함으로써 우리는 더욱 효율적이고 생산적인

방법으로 작업을 수행할 수 있을 것입니다.

챗GPT의 열풍 :
인공지능 대중화의 순간

이제 본격적으로 챗GPT에 대한 이야기를 해볼까 합니다. 저는 주로

인공지능 모델 API를 활용하여 서비스를 기획하고 만들고 있기 때문에

가장 잘 알려져 있는 챗GPT를 중심으로 이야기를 해보겠습니다.

2022년 11월, 인공지능 서비스인 챗GPT가 세상에 등장했습니다.

챗GPT를 처음 사용했을 때, 저는 놀라움을 금치 못하였습니다.

챗GPT에게 말을 걸면 대화를 할 수도 있고, 모르는 것을 물어보면 답을

줬습니다. 시험 삼아 당시 만들다 막힌 소스 코드를 붙여넣고, 개선해야

될 부분을 알려달라고 하니 1분도 안 걸려서, 제가 만들던 레벨보다 더

수준 높은 결과물을 제공하여 주었습니다.

이 인공지능 모델에게 인간의 언어를 인식하고, 분류하고, 번역하는 것은 정말 쉬운 일처럼 보였습니다. 우리가 지난 2년 동안 개발에 매달려온 일이 하루아침에 무너져 내리는 느낌이 들 정도로 성능이 뛰어났습니다. (저는 당시 주로 문서에서 텍스트를 인식하고 추출하는 그런 vision AI 기술을 활용하는 서비스를 만들고 있었습니다.)

이것은 인공지능 기술을 활용하여 서비스를 개발하던 저와 같은 사람만 느끼는 것이 아니었습니다. 왜냐하면, 챗GPT는 서비스 출시 불과 5일 만에 100만 명의 사용자를 달성하였고, 출시 3개월이 지날 무렵에는 챗GPT 사이트의 누적 방문자 수가 무려 10억 명을 돌파했기 때문입니다. 이 같은 전 세계적인 관심은 이 인공지능 챗봇 서비스에 모두의 관심이 집중되어 있다는 것을 증명하는 것이었습니다.

그럼 왜 전 세계 사람들이 지금 챗GPT와 같은 인공지능 서비스에 이렇게 열광하고 있는 것일까요? 이것 또한 딥블루, 왓슨, 알파고처럼 큰 관심을 끌다가 사라지는 흐름일까요?
저는 그렇게 생각하지 않습니다. 지금은 분명 '인공지능 모먼트'이고

'대인공지능의 시대'를 여는 서막이라고 생각합니다. 그렇게 생각하는 가장 큰 이유는 챗GPT와 같은 지금의 인공지능 서비스가 '언어'를 기반으로 작동하기 때문입니다. 좀 더 정확하게 표현하자면 '텍스트 기반'으로 작업이 이루어진다는 것입니다.

그동안 우리는 수많은 툴과 프로그램을 써왔습니다. 직장이나 학교에서 필요한 프로그램을 직접 만들어서 쓰거나, 엑셀을 달인처럼 잘 활용하는 사람들을 우리는 '능력자'라 부르며 '일 잘하는 사람'이라고 칭송했습니다.
이렇게 '일을 잘한다'는 것은 남들이 일하는 방식에 비해 생산성이나 효율성이 비약적으로 상승한 것을 의미하고, 그 정도의 경지에 다다르기 위해서는 엑셀 함수나 프로그래밍 언어와 같은 지식들을 필요로 했습니다. 간단한 프로그램을 만들기 위해서도 꽤 많은 지식과 프로그래밍 언어에 대한 이해가 필요했습니다.

인공지능을 활용하여 뭔가를 만들거나 해보기 위해서는 말할 것도 없이 더 많은 지식과 더 깊은 이해가 필요합니다. 그런데 챗GPT는 사람들이 일상에서 사용하는 '자연어'로 인공지능을 사용할 수 있도록 하였습니다.

한마디로 인공지능을 사용하는 것이 매우 쉬워진 것입니다.

앞에서 언급했던 GUI 모먼트, 인터넷 모먼트, 아이폰 모먼트의
공통점은 모두 해당 모먼트 이전의 사용방식에 비해 사용성이 극적으로
쉬워졌다는 것에 있습니다.
그 결과 우리는 가히 혁명이라고 부를 수 있는 사회적 변화를 확인하고
경험할 수 있었습니다. 자연어를 사용하는 챗GPT의 등장 역시,
사용방식이 극적으로 쉬워졌다는 점에서 이런 혁명적인 사건들과 궤를
같이 합니다.

아이폰의 등장으로 다양한 회사들이 앱을 만들고, 수많은 앱 중 시장의
니즈를 충족한 서비스들이 성장하고, 그렇게 성장한 회사들이 다양한
산업군으로 비즈니스를 확장하고, 그렇게 확장된 비즈니스가 하나의
초연결사회를 만들고, 이커머스나 IT와 관련이 없던 산업군들도 IT와
결합한 형태의 사업을 추진하게 되는 것을 우리는 경험했습니다.

그렇다면 인공지능도 다음과 같은 과정으로 성장할 수 있습니다.

① 인공지능을 사용하기 위한 방법이 매우 쉬워졌습니다.

② 이제 너도나도 인공지능 서비스를 만들어 공급할 수 있습니다.

③ 시장의 문제를 잘 해결하는 인공지능 서비스가 성장합니다.

④ 우리 모두가 그 인공지능 서비스를 활용합니다.

⑤ 인공지능 서비스를 공급하는 회사가 다양한 분야의 산업과
   결합합니다.

⑥ 인공지능으로 초연결화된 사회가 만들어집니다.

⑦ 인공지능을 활용하지 못하면 많은 기회를 잃을 수 있습니다.

인공지능을 '자연어'로 사용할 수 있게 된 것은 기존에 인공지능을 활용하기 위해 필요한 지식과 그 지식을 습득하기 위해 필요한 시간을 혁신적으로 줄여줬습니다. 누구나 마음만 먹으면 인공지능에게 말을 걸 수 있고, 답변을 받을 수 있고, 새로운 지식을 습득할 수 있고, 학습이나 업무에 필요한 도움을 받을 수 있게 되었습니다.
이렇게 인공지능의 활용이 쉬워졌기 때문에 어떤 모델이고, 학습 방법은 뭐고, 데이터는 뭐고, 인공지능의 개념은 뭐고, 어떤 방식으로 구동이 되는지 등등 이런 내용을 몰라도 인공지능을 사용할 수 있게 되었습니다.

하지만 실제로 챗GPT를 비롯한 다양한 인공지능 서비스를 사용해보니

인공지능과 관련된 정보를 어느정도 이해하고 사용하면 좀 더

효율적으로 인공지능이 내준 결과를 이해하면서 사용이 가능하다는

것을 알 수 있었습니다.

누구나 인공지능 서비스를 활용할 수 있도록 사용방법이 극적으로

쉬워졌지만, 인공지능의 시대를 맞이하여 인공지능 서비스를 좀 더

효율적으로 활용하기 위해서는 인공지능에 대한 기본적인 지식이

필요합니다.

다음 장에서는 챗GPT를 포함하여 인공지능이 무엇인지에 대한

개념이나 이론에 대해 간단하게 언급해볼까 합니다.

· 2장 ·

챗GPT와
인공지능에 대한 이해

인공지능의
종류

인공지능이라고 하면 우리는 SF 영화나 애니메이션을 통해 접한

인공지능을 떠올립니다. 그러다 보니 다소 막연하기도 하고 각자의

상상에 따라 각각 다른 인공지능을 생각합니다. 하지만 지금 우리

주변에서 현실이 되어가는 인공지능을 이해하기 위해서는 좀 더 명확한

정의가 필요합니다.

인공지능은 인간의 학습능력과 추론능력, 지각능력, 자연언어의

이해능력 등을 컴퓨터 프로그래밍으로 실현한 기술을 말합니다.

그리고 크게 두 종류로 인공지능을 분류합니다.

약한 인공지능Weak AI이라 할 수 있는 인공지능AI과 강한 인공지능Strong AI이라 할 수 있는 범용인공지능AGI이 입니다.

먼저 약한 인공지능Weak AI인 인공지능AI에 대해 설명을 해보겠습니다. 인공지능Artificial Intelligence, AI은 컴퓨터 시스템이 인간의 지능을 흉내 내거나 초월하는 능력을 갖도록 만드는 컴퓨터 과학의 한 분야입니다. 이는 앞서 언급했던 '딥블루'나 '알파고'가 체스나 바둑과 같은 게임에서 인간보다 월등한 성능을 내도록 만들어진 것과 같이 컴퓨터가 특정한 작업을 수행하는 데 있어 인간과 같거나 그 이상의 성능을 보이게 하는 것을 말합니다.

인공지능AI은 광범위한 기술과 애플리케이션을 포함하며, 검색엔진, 음성 인식, 이미지 인식, 추천 시스템 등이 이에 포함됩니다. 인공지능AI은 규칙 기반Rule Base 시스템부터 기계 학습Machine Learning에 의한 시스템, 그리고 심층신경망을 활용한 딥러닝Deep Learning에 이르기까지 다양한 기술을 활용합니다. 우리가 사용하고 있는 대부분의 인공지능은 아직 이 단계에 해당된다고 봅니다.

한편, 강한 인공지능Strong AI이라고 할 수 있는 범용인공지능Artificial
General Intelligence, AGI은 말 그대로 범용적인 사용이 가능한 인공지능을
말합니다. 인간의 모든 종류의 지능을 모방하거나 초월하는 능력을
가집니다.

범용인공지능AGI은 어떠한 작업도 수행할 수 있는 인간 수준의
지능을 포함하며, 인간이 일상생활에서 다양한 문제를 해결하는 데
필요한 여러 가지 능력을 가지고 있어야 합니다. 우리가 SF 영화나
애니메이션을 통해 상상했던 인공지능에 가깝다고 할 수 있습니다.

범용인공지능AGI은 일반적으로 인간의 지능을 모방하거나 뛰어넘는
기계의 능력을 의미하며, 이는 사고력, 문제 해결 능력, 학습 능력,
의사소통 능력, 창의성 등을 포함합니다. 범용인공지능AGI은 아직까지
이론적인 개념이지만, 많은 연구자들이 이 목표를 달성하기 위해
다양한 방법을 탐구하고 있습니다.

우리가 잘 알고 있는 범용인공지능AGI으로는 영화 〈아이언맨〉에
등장하는 '자비스JARVIS'나 영화 〈터미네이터〉에 등장하는
'스카이넷SKYNET'이 있습니다.

챗GPT는 누구인가?
뭘 할 수 있는가?

인공지능이 무엇이고 어떤 종류가 있는지에 대해 간략하게

알아봤습니다. 그렇다면 2023년 최고의 화두이자, 관심사가 된

챗GPT는 무엇일까요? 앞서 설명했던 것처럼 챗GPT도 약한 인공지능^{AI}

중 하나입니다.

챗GPT는 대화가 가능한 챗봇 형태의 인공지능임으로 챗GPT에게

챗GPT가 누구인지 물어봤습니다.

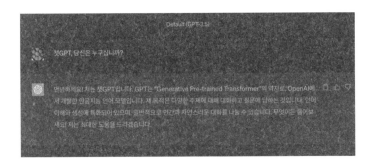

"GPT는 'Generative Pre-trained Transformer'의 약자로, OpenAI에서 개발한 인공지능 언어 모델입니다. 제 목적은 다양한 주제에 대해 대화하고 질문에 답하는 것입니다. 언어 이해와 생성에 특화되어 있으며, 일반적으로 인간과 자연스러운 대화를 나눌 수 있습니다. 무엇이든 물어보세요! 저는 최대한 도움을 드리겠습니다."라고 답변을 해주었습니다.

정리해보면 챗GPT의 GPT는 'Generative생성형', 'Pre-trained사전학습된', 'Transformer트랜스포머 모델'의 약자라고 합니다. 이름이 참 직관적입니다. '트랜스포머 모델을 사용해서 사전학습된 생성형 언어 모델'이라고 이해하면 되겠습니다.

그리고 OpenAI라는 회사에서 만든 인공지능 언어 모델이고, 다양한 주제에 대해 대화하고 질문에 답하는 것이 가능하다고 합니다. 또

언어 이해와 생성에 특화되어 있고, 인간과 자연스러운 대화를 나눌 수 있다고 합니다.

생각해보면 대화라는 것은 같은 인간들끼리만 가능한 것이었습니다. 그런데 챗GPT는 자기도 인간과 자연스러운 대화를 다양한 주제로 할 수 있다고 합니다. 어쩌면 챗GPT와 인류의 대화는 인류가 인간이 아닌 지적 존재와 대화를 한 첫 사건으로 기록될지도 모르겠습니다.

조금 더 궁금하여 챗GPT와 대화를 이어가면서, 챗GPT가 갖고있는 능력과 사용법에 대해 물어보았습니다.

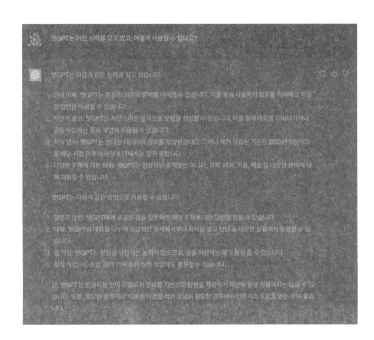

챗GPT는 **언어를 이해**할 수 있고, **자연어를 생성**할 수 있다고 합니다.

지식을 갖고 있으나 2021년 9월까지만 학습이 되어 있으며, **일상적인**

주제뿐만 아니라 과학, 역사, 기술, 예술 등 다양한 주제에 대한 대화를 할

수 있다고 합니다.

또한, 챗GPT는 대화를 통한 **질의응답이나 토론**을 할 수 있고, 시나

소설같은 **문학 창작**과 지금과 같이 **정보를 전달하는 등의 글을 쓰는 일**에

활용할 수 있다고 합니다.

그럼 글을 쓰는 것 이외에는 어떤 작업을 더 할 수 있는지 물어봤습니다.

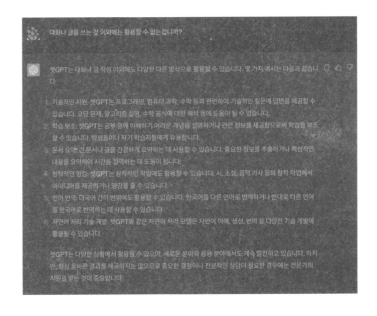

글을 쓰는 것 외에도 **코딩**이나 **알고리즘 설명, 수학 공식 해석** 같은

기술적인 지원을 할 수 있고, **학습 보조 도구, 문서 요약 기능, 창의적인**

아이디어 제공, 다국어 언어 번역 등의 기능을 제공할 수 있다고 합니다.

실제로 저는 업무를 하는데 챗GPT를 많이 활용하고 있습니다.

챗GPT가 이야기한 것처럼 간단한 질문에 답을 해주는 것은 물론이고,

간단한 프로그램 코딩 같은 건 1~2분 정도면 해주기도 하고, 몇 번의 수정을 거치면 꽤 복잡한 프로그램도 만들 수가 있습니다.

또한, 논문을 읽어야 하는 일이 종종 있는데, 기존에는 외국어 논문을 읽으려면 마음먹고 날 잡아서 읽어야 했지만, 지금은 논문의 내용을 요약하거나 주요 개념을 물어보는 기능을 활용하여 5~10분 정도면 언어에 상관없이 논문 한 편 정도를 읽을 수 있습니다.

단순하게 논문을 읽는 생산성을 비교해보면, 예전에는 한 달에 10개 정도 읽으면 많이 읽는 편이었지만, 지금은 하루에 10개를 읽는 것도 큰 무리가 없는 수준인 걸 감안하면 최소 30배 이상의 업무 효율성 향상을 체감하고 있습니다.

챗GPT는
어떻게 만들어져 있나?

지금까지 챗GPT와 대화를 하며 챗GPT가 무엇을 할 수 있는지,

어떻게 써야 하는지를 알아봤습니다. 그럼 챗GPT가 어떻게 구성되어

있고, 어떻게 만들어졌는지를 알면 챗GPT를 좀 더 잘 사용할 수 있지

않을까요?

그래서 챗GPT에게 이것을 물어봤습니다.

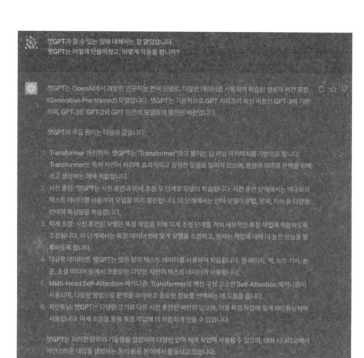

챗GPT가 할 수 있는 일에 대해서는 잘 알았습니다.
챗GPT는 어떻게 만들어졌고, 어떻게 작동을 합니까?

챗GPT는 OpenAI에서 개발한 인공지능 언어 모델로, 다양한 데이터를 사용하여 학습된 생성적 사전 훈련 (Generative Pre-trained) 모델입니다. 챗GPT는 기본적으로 GPT 시리즈의 최신 버전인 GPT-3에 기반하며, GPT-3은 GPT-2와 GPT 이전의 모델들의 발전된 버전입니다.

챗GPT의 주요 원리는 다음과 같습니다:

1. Transformer 아키텍처: 챗GPT는 "Transformer"라고 불리는 딥 러닝 아키텍처를 기반으로 합니다. Transformer는 특히 자연어 처리에 효과적이고 강력한 모델로 알려져 있으며, 문장의 의미와 문맥을 이해하고 생성하는 데에 적합합니다.

2. 사전 훈련: 챗GPT는 사전 훈련과 미세 조정 두 단계로 모델이 학습됩니다. 사전 훈련 단계에서는 대규모의 텍스트 데이터를 사용하여 모델을 미리 훈련합니다. 이 단계에서는 언어 모델이 문법, 문맥, 지식 등 다양한 언어적 특성들을 학습합니다.

3. 미세 조정: 사전 훈련된 모델은 특정 작업을 위해 미세 조정 단계를 거쳐 세부적인 특정 작업에 적합하도록 조정됩니다. 이 단계에서는 특정 데이터셋에 맞게 모델을 조정하고, 원하는 작업에 대해 더 높은 성능을 발휘하도록 합니다.

4. 대규모 데이터셋: 챗GPT는 많은 양의 텍스트 데이터를 사용하여 학습됩니다. 웹 페이지, 책, 뉴스 기사, 논문, 소셜 미디어 등에서 크롤링한 다양한 자연어 텍스트 데이터가 사용됩니다.

5. Multi-Head Self-Attention 메커니즘: Transformer의 핵심 구성 요소인 Self-Attention 메커니즘이 사용되며, 다양한 방법으로 문맥을 파악하고 중요한 정보를 선택하는 데 도움을 줍니다.

6. 파인튜닝: 챗GPT는 다양한 크기와 다른 사전 훈련된 버전이 있으므로, 이를 특정 작업에 맞게 파인튜닝하여 사용합니다. 미세 조정을 통해 특정 작업에 더 적합하게 만들 수 있습니다.

챗GPT는 이러한 원리와 기술들을 결합하여 다양한 언어 처리 작업에 사용될 수 있으며, 대화 시나리오에서 자연스러운 대답을 생성하는 등의 응용 분야에서 활용되고 있습니다.

먼저 챗GPT는 GPT라는 언어 모델의 시리즈라는 점을 알려주고 있습니다. GPT-3 이전에는 GPT-2, GPT-1이 있었고, 현재 가장 최신 버전은 GPT-4입니다.

챗GPT는 '**트랜스포머**Transformer'라는 이름의 **딥러닝**Deep Learning **아키텍처**를 기반으로 한다고 합니다.

트랜스포머 아키텍터가 어떻게 작용하기 때문에 챗GPT가 사람의 '말'을 잘 알아듣는지까지 이해하면 좋겠지만, 트랜스포머 아키텍처 (그중에서도 Multi-Head Self Attention Mechanism) 덕분에 사람의 '말'을 잘 이해한다는 것까지만 알아도 충분합니다. 혹시 셀프-어텐션 매커니즘이나 트랜스포머 아키텍처에 대해 더 알고 싶으신 분은 QR코드의 문서를 참조하시기 바랍니다.

● **Attention is All You Need 논문**　　● **트랜스포머 아키텍처 설명**

(출처 : https://arxiv.org/ | wikidocs.net)

뒷부분에서 인공지능 모델의 문제점을 이야기할 때, 딥러닝의 개념을 좀 이해하고 있으면 상당한 도움이 되기 때문에 일단 딥러닝 정도는 여기서 간단하게 언급을 하고 넘어가겠습니다.

딥러닝을 간단하게 이야기하면 '세상을 수학적인 그래프로 이해하는 방법'입니다.

우리가 잘 알고 있는 함수 그래프를 생각해보겠습니다. 다음

그래프들을 어떤 현상이라고 가정해 보겠습니다. 각 현상들에는 원인과

결과가 있습니다. 원인을 'x'라 하고 결과를 'y'라 하면, 각 점들은

현상들의 원인과 결과를 나타내는 것들입니다.

이 원인과 결과를 간단하게 설명하기 위해서는 'y = ax + b'라는 1차

방정식을 만들 수 있습니다. 그리고 사안에 따라서는 좀 더 복잡하게

2차 방정식, 3차 방정식을 만들 수 있겠죠. 그렇다고 저 점들을

모두 지나는 방정식을 수립하라고 하면, 사람은 매우 오랜 시간이

걸릴 것입니다. 현상에 따라서는 어쩌면 평생을 바쳐도 모자랄지도

모릅니다.

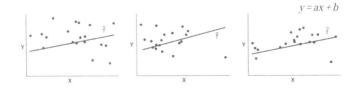

그런데 컴퓨팅 파워가 발전하면서 컴퓨터가 모든 점들을 지나는

그래프를 그려내기 시작했습니다. 사실 사람은 저 안에서 규칙을

발견하고, 그 발견된 규칙을 공식화하기 때문에 사고의 과정이 매우

길게 필요합니다. 하지만 컴퓨터는 연산속도가 매우 빠르기 때문에

단숨에 모든 점들의 값을 대입해서 방정식을 만들어냅니다.

컴퓨터의 연산속도가 얼마나 빠르냐면, A100과 같은 GPU는 하나가
1초에 312조 번 이상의 연산을 수행할 수 있습니다. 따라서 결과는
100차 방정식, 1,000차 방정식, 10,000차 방정식으로 표현될 수 있는
것입니다. 그래서 그것을 우리는 '$y = f(x)$'라고 표현합니다.

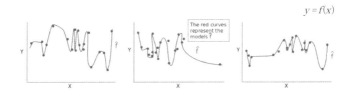

사람은 절대로 계산할 수 없는 속도로 계산하고, 사람이 검증하기
어려운 수준의 고차방정식을 수립하는 것입니다. 그래서 원인과
결과의 데이터는 알고는 있지만, 실제로 그런 방정식이 수립되었는지를
완벽하게 설명할 수 있는 방법이 없습니다. 그러나 이 방법은
각 현상들을 매우 높은 정확도로 설명해내기 때문에 우리는 이
딥러닝이라는 방법을 채택하여 사용하고 있습니다.

딥러닝은 지금도 다양한 분야에서 많은 성과를 이뤄내고 있으며,

인공지능 기술의 발전에 매우 큰 기여를 하고 있습니다. 하지만 딥러닝 모델은 학습 데이터의 품질에 영향을 크게 받으며, 너무 많은 데이터와 연산 리소스를 요구하는 등의 문제가 있습니다. 이 내용을 포함하여 거대 모델의 문제점들에 대해서는 뒤쪽에서 다루도록 하겠습니다.

딥러닝에 대해 좀 더 자세히 알고 싶으시면 아래 QR코드를 통해 더 많은 정보를 얻으실 수 있습니다.

● 딥러닝

● What is deep learning

(출처 : 위키피디아 | IBM)

그렇다면 이제 GPT가 학습하는 두 가지 과정에 대해 알아보겠습니다. 학습 과정은 '사전학습Pre-training'과 '미세조정Fine-tuning'이라는 단계를 통해 이뤄집니다.

첫 번째는 사전학습으로 대량의 데이터를 사용하여 딥러닝 모델으로 미리 학습하는 단계를 말합니다.

이 단계에서 챗GPT와 같은 언어 모델은 일반적인 언어 이해 능력과 패턴을 학습합니다. 사전학습 과정에서는 인공신경망 모델의 가중치weight와 편향bias 값을 초기화하고, 대량의 텍스트 데이터를 사용하여 모델을 훈련시킵니다.

이 사전학습 단계에서 언어 모델은 문법, 문맥, 단어 간의 관계 등과 같은 언어적 특성을 학습하며, 거대 언어 모델의 경우 몇 주 또는 몇 달에 걸쳐 GPU 또는 TPU와 같은 강력한 컴퓨팅 자원을 사용하여 학습합니다.

두 번째인 미세조정은 사전학습된 언어 모델을 특정 작업에 맞게 세부 조정하는 단계를 의미합니다.

사전학습 단계에서 학습된 언어 모델은 일반적인 언어 이해 능력을 갖고 있지만, 특정 작업을 수행하려면 해당 작업에 맞게 조정할 필요가 있습니다. 미세조정은 이러한 특정 작업에 맞게 모델을 조정하여 높은 성능을 달성하는 것을 목적으로 합니다.

미세조정 단계에서는 일반적으로 사전학습을 할 때보다 작은 규모의 데이터셋을 사용합니다. 이 데이터셋은 보통 특정 작업에 대한 입력과 그에 해당되는 정답으로 구성됩니다. 사전학습된 모델을 초기 가중치로 사용하고, 작은 데이터셋으로 해당 작업을 추가적으로 학습시키는 것입니다.

이 과정에서 언어 모델은 특정 작업과 관련된 문맥과 패턴을 더욱 강화하기 때문에 추가된 데이터 영역에 맞는 작업을 수행하기에 적합해집니다.

예를 들어, 기본 언어 모델에 의학 데이터를 더 많이 학습시키면 의학 언어 모델이 나오게 되고, 법률 데이터를 추가로 더 많이 학습시키면 법률 언어 모델이 나오는 것입니다.

미세조정은 모델의 효율성과 성능을 향상시키는 데 중요한 역할을 합니다. 사전학습과 미세조정 과정을 통해 딥러닝 모델은 일반적인 언어 이해 능력과 함께 특정 작업에 대한 전문성을 효과적으로 결합하여 다양한 응용 분야에서 활용될 수 있게 됩니다.

GPT의 신생능력 : Emergent Ability

지금까지 챗GPT의 구조에 대해서도 알아보고, 챗GPT가 어떤 방식과

과정을 통해 학습을 하는지에 대해서도 살펴봤습니다.

그럼 여기서부터는 그 결과 챗GPT가 어떤 능력을 보여주고 있는지,

그리고 학습한 내용을 뛰어넘어 스스로 진화된 능력을 보여주는 놀라운

이야기에 대해 알아보도록 하겠습니다.

GPT는 수차례 언급했듯이 언어 모델입니다. 언어 모델의 인공지능으로

학습자료는 텍스트를 기반으로 하고 있습니다. 즉, 텍스트를 통해

인간의 언어를 배우고, 말을 이해하는 방법을 학습한 것입니다.

그런데 2023년 3월 14일 GPT-4를 발표하면서 OpenAI가 공개한 블로그에는 매우 충격적인 내용들이 담겨있었습니다.

GPT-4가 텍스트가 아닌 이미지를 보고 상황을 설명하기 시작한 것입니다. 사진을 보고 무엇이 재미있는지, 무엇이 이상한지를 설명해보라고 했더니, GPT-4가 사진에서 재미있는 점과 이상한 점을 찾아 설명한 것입니다.

첫 번째 사진에 대해서는 옛날 컴퓨터 모니터에 꽂던 VGA 커넥터가 최첨단 아이폰의 라이트닝 케이블 단자에 연결된 것이라고 설명했고, 두 번째 사진에 대해서는 사람이 택시 지붕에 매달려가며 다림질하는 모습이 이상하다고 짚어냈습니다.
수조 개의 학습 데이터를 통해 사람들이 재미있다고 생각하는 점과 이상하다고 생각하는 점을 알게 된 것입니다.

논문의 텍스트를 읽고, 요약하고, 해석하는 것은 이전 모델에서도 가능했습니다. 하지만 그림으로 첨부되어 있는 그래프의 내용까지 해석해내는 것은 눈이 달렸다고 표현하는 것이 가장 정확할 정도의 능력이 생긴 것입니다.

● "이 이미지에서 재미있는 점은 무엇인가?"

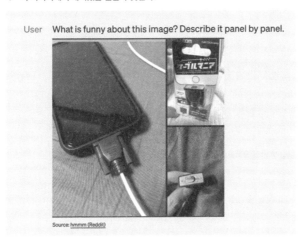

● "이 이미지에서 이상한 점은 무엇인가?"

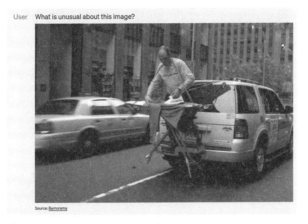

(출처 : https://openai.com/research/gpt-4)

User Below is part of the InstuctGPT paper. Could you read and summarize it to me?

그리고 제가 GPT-4 발표 내용에서 가장 놀랐던 부분은 수리적 사고의 놀라운 진화였습니다.

GPT-4라는 '언어 모델'이 그림으로 제공된 프랑스어 열전도 방정식 문제를 풀어낸 것입니다. 지금까지 계속 언급했지만 GPT는 언어 모델 인공지능입니다. 그리고 텍스트 문서를 통해 학습된 인공지능입니다. 그런데 어떻게 그림을 보고 계산을 할 수 있게 된 것일까요?

SF 영화를 보면 유전자 조작을 통해 지능을 높인 동물이나 특정 약물에 노출된 동물이 인간의 기대와 생각을 뛰어넘는 학습성과나 능력을 보일 때가 있습니다. 예를 들어, 영화 〈혹성탈출〉의 주인공 '시저'나 영화 〈딥 블루 씨〉의 상어 같은 친구들처럼 말이죠.
이 영화와 같은 현상이 GPT-4에서도 고스란히 나타난 것입니다.

비공식적인 통계이지만 GPT-4는 13조 개의 토큰을 학습했다고 합니다. 4백만 권의 책과 8천만 개의 과학 논문 그리고 깃허브^{Github}의 모든 프로그램 소스를 학습했다고 합니다. 상상조차 힘들 정도로 어마어마한 양의 데이터를 학습했다는 사실은 틀림없습니다.

User   Answer question I.1.a. Think step-by-step.

I. Principe de la détection de rayonnement avec un bolomètre

Comme illustré sur la figure 1 un bolomètre est constitué d'un absorbeur qui reçoit le rayonnement que l'on désire détecter. Sa température T, supposée uniforme, est mesurée à l'aide d'un thermomètre incorporé, constitué d'un matériau conducteur dont la résistance $R(T)$ varie avec la température T ; cette variation est caractérisée par le coefficient $\alpha = \dfrac{1}{R}\dfrac{dR}{dT}$. L'ensemble possède la capacité thermique C_{th}.

Un barreau, conducteur thermique, homogène, de longueur L, de section S et de conductivité thermique λ et sans échanges thermiques latéraux, relie le bolomètre à un thermostat de température T_b fixe.

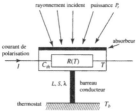

Figure 1 - Schéma d'un bolomètre

I.1. Dans cette première partie, on étudie le comportement du bolomètre en régime stationnaire, à la température de fonctionnement $T = T_0$.

I.1.a) Exprimer la température $T(x)$ en tout point du barreau conducteur repéré par son abscisse x ; on prendra $T(0) = T_0$ et $T(L) = T_b$.

그리고 GPT-3가 1,750억 개의 매개변수를 갖고 있었던 것에
비해, GPT-4는 1.7조 개 정도의 매개변수를 갖고 있다고 합니다.
매개변수(파라미터) 숫자가 절대적인 성능을 대변하는 것은 아니지만,
매개변수가 많으면 많을수록 성능이 올라간다는 것이 일반적입니다.
따라서 GPT-4는 GPT-3와 비교하여 약 10배 정도 더 많은 매개변수를
갖고 있기 때문에 성능이 월등한 것은 당연합니다. 그런데 왜 이런
능력을 갖게 되었는지는 사실 아무도 모릅니다.

앞서 딥러닝을 언급하면서 현상을 설명하기 위해 컴퓨터는 인간이
파악하기 어려운 수준의 고차원 방정식을 수립한다고
말씀드렸습니다.
GPT-4는 4백만 권의 책, 8천만 개의 과학 논문에서 어떤 공통점을
발견했을까요? 인간은 과연 그 공통점을 함수로 표현해서 값을 찾고,
찾아낸 값을 정의할 수 있을까요? 아마도 인간은 하기 어려운 일일
것입니다. 그러나 OpenAI의 엄청난 컴퓨팅 파워는 GPT-4라는 모델의
함수를 만들어냈고, 그 함수로 지금의 상황을 꽤나 잘 설명해내고
있습니다.

이 과정에서 갑작스럽게 생긴 능력을 '신생능력Emergent Ability' 이라고

부릅니다. 왜 생겨났는지 어떻게 생겨났는지는 모르지만, 더 많은 데이터와 더 많은 컴퓨팅 파워를 투입했더니 생겨난 능력임은 틀림없습니다.

아마도 '$y = f(x)$' 속 어딘가에 그 이유가 있을 테지만, 아직은 이유를 알 수 없는 것이 현실입니다. 앞으로 더 많은 데이터와 더 빠른 컴퓨팅 파워를 투입한다면, 더 강력한 신생능력이 발생하고 어쩌면 진정한 의미의 범용인공지능AGI이 현실이 되는 날이 다가올지도 모르겠습니다.

GPT-4의 블로그를 확인해보고 싶으시면 QR코드를 통해 확인해보실 수 있습니다.

● GPT-4 research 블로그

(출처 : https://openai.com/research/gpt-4)

3장

챗GPT의
활용

챗GPT가
잘하는 것과 못하는 것

지금까지의 설명을 통해 인공지능의 종류와 개념 그리고 챗GPT의

구성과 작동원리에 대해서 어느 정도 이해하셨을 것이라 생각합니다.

그럼 이제부터 본격적으로 챗GPT를 비롯한 인공지능을 어떻게 활용할

것인지, 실제 사례들을 통해 활용 방법을 알아보도록 하겠습니다.

우선 챗GPT를 잘 활용하기 위해서는 챗GPT가 잘하는 것과 못하는

것이 무엇인지를 알아야 합니다. 사람과 대화가 가능한 인공지능인

챗GPT에게 무엇을 잘하고, 무엇을 못하는지를 직접 물어봤습니다.

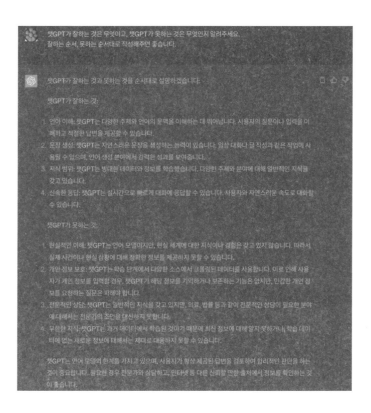

챗GPT는 언어 모델 인공지능인 만큼 역시 **언어 이해를 가장 잘한다**고 합니다. **언어 이해를 기반으로 문장을 생성**하고, 다양한 **지식을 활용하여 답변**을 할 수 있으며, 신속하게 **실시간으로 대화가 가능**하다고 합니다.

챗GPT가 못하는 것은 **실제 사건이나 현실에 대한 이해가 떨어지고,**

개인정보 보호에 취약할 수 있다고 합니다. 그리고 의학, 법률 등 전문적인 상담에 필요한 지식은 있지만 책임을 질 수 없기 때문에 전문적인 상담은 어렵다고 합니다. 또한, 과거 기준(2021년 9월까지)에 학습된 데이터를 갖고 있어 새로운 정보에 취약하다고 합니다.

이 단점들은 뒤집어 생각하면, 현재 시점의 정보를 제공하거나 전문적인 지식을 전달하여 답변을 생성하도록 하면 어느 정도 약점을 극복할 수 있을 것입니다.

챗GPT가
약점을 극복하는 방법

이러한 약점을 극복하기 위해 챗GPT는 플러그인Plugin 기능을

제공합니다. 물론 GPT-4를 사용할 수 있는 유료 사용자에게만

제공되는 기능이지만, 외부 서비스와 연동된 플러그인 기능을 통해

챗GPT의 기능을 확장하고, 현재 시점이나 전문성 있는 정보를

수집하여 답변을 생성하도록 할 수 있습니다.

챗GPT에는 현재 약 700여 개의 플러그인이 존재하고 있으며, 지금도

많은 플러그인 기능이 추가되고 있기 때문에 사용 가능한 플러그인은

계속 늘어날 예정입니다.

● 챗GPT 플러그인

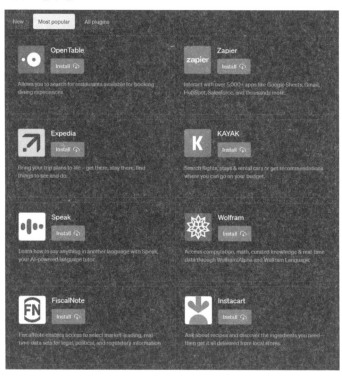

그럼 챗GPT 플러그인에는 어떤 것이 있고, 어떤 기능을 하는지
알아보기 위해 대표적인 플러그인 몇 가지의 활용 예시를
살펴보겠습니다.

먼저 울프람Wolfram이라는 플러그인을 활용하면 수학적 계산을 하거나
그래프를 그리는 일을 할 수 있습니다. 울프람을 이용해 아래쪽이
뾰족한 하트 모양의 그래프를 그리고 그 수식을 알려달라고 요청하면,
하트 모양의 그래프를 그릴 수 있는 수식을 생성하고 그래프의 값을
알려줍니다.

익스피디아Expedia 플러그인을 통해 여행지 정보를 확인하고 여행
코스를 짤 수도 있습니다. 익스피디아 플러그인을 활용하여 영국
여행을 계획하고 여행 중 묵어야 할 숙소 정보를 요청하면 계획한 여행
기간 중 숙박이 가능한 호텔 정보를 정리하여 알려줍니다.
또한, 오픈테이블OpenTable과 같은 플러그인을 활용하면 여행지에서의
식당 예약을 할 수도 있습니다.

이처럼 챗GPT는 실시간 최신 정보의 획득이 어려운 약점을 외부
서비스와 연결된 플러그인 기능을 통해 극복하고 있습니다.

● 울프람 그래프

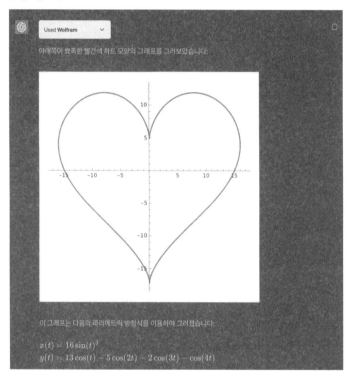

● 여행 예약

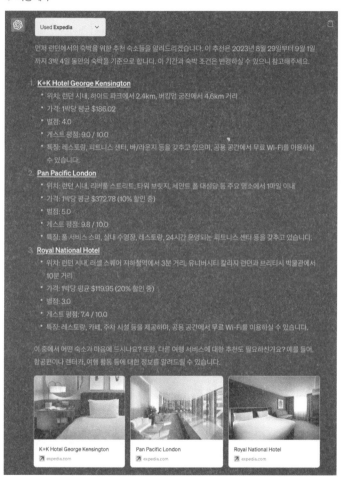

Used **Expedia** ⌄

먼저 런던에서의 숙박을 위한 추천 숙소들을 알려드리겠습니다. 이 추천은 2023년 8월 29일부터 9월 1일까지 3박 4일 동안의 숙박을 기준으로 합니다. 이 기간과 숙박 조건은 변경하실 수 있으니 참고해주세요.

1. K+K Hotel George Kensington
   * 위치: 런던 시내, 하이드 파크에서 2.4km, 버킹엄 궁전에서 4.6km 거리
   * 가격: 1박당 평균 $186.02
   * 별점: 4.0
   * 게스트 평점: 9.0 / 10.0
   * 특징: 레스토랑, 피트니스 센터, 바·라운지 등을 갖추고 있으며, 공용 공간에서 무료 Wi-Fi를 이용하실 수 있습니다.

2. Pan Pacific London
   * 위치: 런던 시내, 리버풀 스트리트, 타워 브릿지, 세인트 폴 대성당 등 주요 명소에서 1마일 이내
   * 가격: 1박당 평균 $372.78 (10% 할인 중)
   * 별점: 5.0
   * 게스트 평점: 9.8 / 10.0
   * 특징: 풀 서비스 스파, 실내 수영장, 레스토랑, 24시간 운영되는 피트니스 센터 등을 갖추고 있습니다.

3. Royal National Hotel
   * 위치: 런던 시내, 러셀 스퀘어 지하철역에서 3분 거리, 유니버시티 칼리지 런던과 브리티시 박물관에서 10분 거리
   * 가격: 1박당 평균 $119.95 (20% 할인 중)
   * 별점: 3.0
   * 게스트 평점: 7.4 / 10.0
   * 특징: 레스토랑, 카페, 주차 시설 등을 제공하며, 공용 공간에서 무료 Wi-Fi를 이용하실 수 있습니다.

이 중에서 어떤 숙소가 마음에 드시나요? 또한, 다른 여행 서비스에 대한 추천도 필요하신가요? 예를 들어, 항공편이나 렌터카, 여행 활동 등에 대한 정보를 알려드릴 수 있습니다.

K+K Hotel George Kensington
↗ expedia.com

Pan Pacific London
↗ expedia.com

Royal National Hotel
↗ expedia.com

최근까지는 마이크로소프트의 검색엔진인 빙Bing을 활용한

브라우징Browsing 기능도 제공했습니다. 하지만 얼마 전에 브라우징

기능을 종료하고, 새롭게 코드 인터프리터Code Interpreter 기능을

제공하고 있습니다.

이 기능은 챗GPT가 사용자로부터 입력받은 코드를 해석하고 실행

결과를 반환하는 기능을 제공합니다. 이전에는 단순히 코드를

작성해주는 기능만 수행했는데, 코드 인터프리터 기능을 통해 챗GPT는

코딩 도움이나 튜토리얼 제공 등 프로그래밍 관련 대화에 더욱

효과적으로 활용될 수 있게 되었습니다.

챗GPT 활용의 기본 : 프롬프트

챗GPT를 비롯한 대부분의 생성형 인공지능은 사용자로부터 입력을 받고, 그 입력에 대한 응답을 생성하게 됩니다. 이때, 사용자로부터 받는 입력을 '프롬프트Prompt'라고 합니다.

프롬프트는 챗GPT를 비롯한 인공지능에게 무엇을 해야 하는지, 어떤 종류의 답변을 생성해야 하는지를 알려주는 지시사항 또는 명령과 같은 것입니다. 사용자는 프롬프트 입력을 통해 질문을 할 수도 있고, 명령을 할 수도 있으며, 대화를 시작할 수도 있습니다. 챗GPT는 이 입력된 프롬프트의 내용을 바탕으로 적절한 답변을 생성하게 됩니다.

● 프롬프트 입력 : Send a message란에 텍스트를 입력하는 것

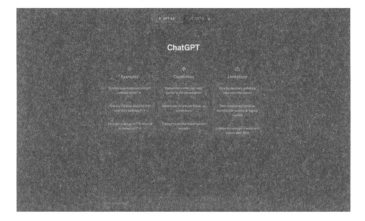

프롬프트는 챗GPT를 비롯한 인공지능의 작동 방식에 매우 큰 영향을 미칩니다. 특히, 프롬프트의 품질과 명확성은 챗GPT가 생성하는 답변의 품질과 유용성에 직접적으로 영향을 미칩니다. 따라서 챗GPT를 효과적으로 활용하기 위해서는 적절한 프롬프트를 제공하는 것이 중요합니다.

프롬프트는 주어진 작업에 따라 크게 다를 수 있습니다. 예를 들어, "오늘의 날씨를 알려줘"와 같은 프롬프트는 특정 정보를 요청하는 프롬프트입니다. 하지만 "비와 관련된 시를 써줘"는 단순한 특정 정보를 요청하는 것이 아니라 창작활동의 결과물을 요청하는 프롬프트가 됩니다. 그리고 "코딩 과제를 도와줘"라는 프롬프트를 입력한다면, 이것은 문제 해결을 위해 도움을 요청하는 프롬프트가 될 것입니다.

따라서 챗GPT를 최대한 활용하기 위해서는 주어진 작업에 맞춰 기대되는 답변의 양식을 미리 제공하거나, 필수적으로 포함되어야 하는 내용 등을 함께 제공할 경우 좀 더 좋은 품질의 답변이 생성될 수 있는 것입니다.

프롬프트는 챗GPT와의 대화에서 '대화의 방향'을 결정하는 역할을 하기 때문에 사용자의 목표를 달성하는데 가장 적합한 프롬프트를 구성하고, 챗GPT와 같은 인공지능 모델이 잘 알아들을 수 있는 방향의 프롬프트를 제공하는 것이 중요합니다.

프롬프트의 개념에 대해서 짚어보았으니 구제적으로 프롬프트의 종류와 챗GPT와 같은 인공지능을 최대한 활용하기 위해 효율적으로 프롬프트를 작성하는 방법에 대해 더 자세히 알아보도록 하겠습니다.

4장

미래 인간의 기본 소양 :
프롬프트 디자인

1

프롬프트의
종류

이 책에서는 가장 대중적인 챗GPT의 프롬프트 구성을 기본 예시로

들겠지만, 생성형 인공지능의 프롬프트 구성은 거의 비슷합니다.

시스템 관점으로 봤을 때, 프롬프트의 종류는 시스템 프롬프트

System Prompt, 유저 프롬프트User Prompt, 어시스턴트 프롬프트Assistant

Prompt 이렇게 세 가지로 분류할 수 있습니다.

첫 번째, 시스템 프롬프트는 대화의 시작점을 정의하고, 그 기반 위에서

모든 대화가 진행되도록 합니다.

시스템 프롬프트는 대화의 초기 설정, 인공지능의 역할, 사전 조건 등을

정의하는 데 사용되기 때문에 인공지능 모델은 이를 감안하여 적절한 방식으로 응답합니다. 예를 들어, 시스템 프롬프트를 "당신은 통계에 대한 질문에 답하는 전문가입니다"라고 설정하면, 챗GPT는 이후에 입력되는 유저 프롬프트를 통계전문가의 입장에서 이해하고 대응하게 됩니다.

두 번째, 유저 프롬프트는 사용자가 인공지능에게 던지는 실질적인 질문이나 요청을 말합니다.

이러한 유저 프롬프트는 사용자의 입력을 인공지능 모델에게 전달하고, 인공지능 모델은 이에 대한 응답을 생성합니다.

유저 프롬프트는 대화 중에 발생하는 질문, 요청, 명령 등이 될 수 있으며, 이는 시스템 프롬프트에 의해 정의된 맥락 내에서 이해되고 처리됩니다.

세 번째, 어시스턴트 프롬프트는 인공지능 모델이 생성한 응답을 가리킵니다.

어시스턴트 프롬프트는 사용자의 질문이나 요청에 대한 답변을 포함하며, 대화가 진행됨에 따라 새로운 유저 프롬프트와 연결되어 전체 대화를 이룹니다. 채팅으로 대화를 수행하면서 대화의 맥락을

놓치지 않게 하려면 유저 프롬프트와 어시스턴트 프롬프트가 유기적으로 연결되어야 합니다.

예를 들어, 인공지능 모델이 생성한 응답에 의문점이 있거나 수정을 요청하고 싶다면, 해당 응답을 어시스턴트 프롬프트로 삼아 대화를 이어나가면 됩니다.

이 세 가지 프롬프트는 사용자와 인공지능 사이에서 대화의 흐름을 조절하고, 인공지능이 사용자의 요구에 맞는 적절한 응답을 생성할 수 있도록 합니다. 잘 정의된 프롬프트는 인공지능 모델의 성능을 최대화하고, 사용자 경험을 향상시키는데 큰 역할을 하게 됩니다.

프롬프트 작성의 기본 원칙: 효과적인 대화의 시작점

프롬프트를 작성하는 것은 챗GPT와 같은 생성형 인공지능으로부터 효과적인 결과물을 얻기 위한 가장 핵심적인 능력입니다. 같은 목표를 가지고 챗GPT를 비롯한 생성형 인공지능을 활용하여도 프롬프트의 품질에 따라 결과물은 천차만별이 될 수 있습니다.

다음은 좋은 프롬프트를 작성하기 위해 고려해야 할 중요한 사항입니다. 각각 중요한 사항들을 적용한 프롬프트를 작성하여, '판타지 소설의 세계관'을 구축하는 작업을 예시로 진행해보겠습니다.

1) 명확한 목표를 설정하세요

원하는 작업의 목적과 원하는 결과를 먼저 정의하는 것은 프롬프트 작성 시에 매우 중요한 사항입니다.

이것은 단순히 "나는 어떤 정보를 원하는가"에서 시작하여 "나는 어떤 작업을 완료하길 원하는가"에 이르기까지 다양한 형태를 보일 수 있습니다. 이렇게 명확한 목표를 설정함으로써 사용자는 챗GPT에게 어떤 종류의 응답이나 행동을 기대하는지 안내하는 동시에, 그것이 어떻게 사용자의 목표에 도움이 될 것인지를 명확하게 합니다.

예 "내가 쓰는 소설의 세계관을 구성해줘"

2) 맥락과 배경 정보를 제공하세요

챗GPT는 주어진 맥락에서 최선의 응답을 생성하려고 노력합니다.

하지만 챗GPT가 최선의 응답을 생성하기 위해서는 사용자가 어떤 작업을 수행하고 있는지, 무슨 일이 진행 중인지 등에 대한 충분한 배경 정보가 필요합니다.

따라서 프롬프트를 작성할 때는 항상 충분한 맥락과 배경 정보를 제공하는 것이 중요합니다. 이것은 챗GPT와 대화의 흐름을 유지하고, 사용자의 목표를 이해하고, 목표를 달성하는 것에 도움이 될 것입니다.

예 "나는 마법과 스팀펑크 배경의 소설을 쓸거야"

3) 아이디어를 떠올려서 챗GPT에 제공하세요

챗GPT는 사용자가 무엇을 원하는지 또는 무엇을 찾고 있는지에 대한

충분한 정보를 받아야만 그에 따른 결과물을 생성할 수 있습니다.

이것은 단순히 정보를 검색하거나 질문에 답하는 것뿐만 아니라,

아이디어를 생각하거나 새로운 방향을 제시하는 것에도 적용됩니다.

따라서 사용자가 어떤 아이디어를 고려하고 있는지 또는 어떤 방향으로

나아가고 싶은지를 챗GPT에게 제공해야 합니다.

예 "너는 '반지의 제왕'이나 '해리포터'와 같은 최고의 판타지 소설을
쓸 수 있는 판타지 소설 작가로서 내가 베스트셀러 판타지 소설을
쓸 수 있도록 도와줘"

4) 구체적인 프롬프트를 사용하세요

모호하거나 너무 일반적인 프롬프트는 종종 모호하거나 일반적인

결과물을 초래합니다. 챗GPT는 구체적인 지시사항이나 구체적인

질문을 받을 때 가장 잘 작동하며, 이는 사용자가 원하는 결과물을 더

정확하게 생성할 수 있도록 돕습니다.

예를 들어, "중국에 대해 말해줘"라고 묻는 것보다 "중국의
경제성장률에 대해 알려줘"라는 구체적인 질문이 더 효과적인
것입니다.

> 예 "매력적이고 입체적인 등장인물들을 설정하고, 각 등장인물의
> 이름, 나이, 성장 과정, 배경, 능력, 종족에 대한 세부적인 설명을
> 해줘.
> 이 세계관에 등장하는 모든 종족과 그 특징, 각 종족 간의
> 역사적인 관계와 상성에 대해 설명해주고, 이 세계의 지도를
> 바탕으로 이 세계의 이름과 모든 지역의 이름과 특징, 기후에 대해
> 설명해줘.
> 이 세계의 모든 도시 이름과 지도자, 주요 종족, 정치체계, 기후와
> 역사에 대해 설명해주고, 모든 빌런과 그에 대한 정체, 이름, 배경,
> 능력, 주요 활동 지역, 신분의 내용을 작성해줘"

5) 챗GPT에게 아이디어에 대한 의견을 물어보세요

챗GPT는 사용자로부터 받은 정보와 배운 패턴을 바탕으로 아이디어나
제안을 생성하는데 뛰어납니다. 따라서 사용자가 특정 아이디어에
대해 고민하고 있다면, 그것에 대한 챗GPT의 의견을 물어보는 것이

좋습니다.

이것은 사용자가 새로운 관점을 얻거나, 미처 생각지 못했던 가능성을 발견하는 데 도움이 될 수 있습니다.

> **예** "풍부한 문학적 언어를 사용하면 좋겠어. 풍부한 문학적 언어를 활용해 베스트셀러 소설가로서의 그림과 같은 상황 묘사와 인물 묘사를 하는 것이 좋을까? 아니면 간단한 묘사로 빠르게 글을 전개하는 것이 좋을까?"

6) 챗GPT와 아이디어에 대해 이해될 때까지 질문하고 답변하세요

챗GPT와 같은 생성형 인공지능과의 대화는 단방향이 아닌 양방향 과정이어야 합니다. 이것은 사용자가 처음 제공한 프롬프트에 대한 챗GPT의 응답이 완벽하게 사용자의 목표를 만족시키지 않을 수도 있음을 의미합니다.

이런 경우에는 챗GPT에게 추가적인 질문을 하거나 사용자가 원하는 정보나 결과를 더 잘 이해하지 못했을 경우 질문을 요청하도록 하는 것이 중요합니다.

> **예** "나의 요청사항을 명확하게 인지하지 못했을 경우, 다시 나에게

확인하는 질문을 해줘"

7) 챗GPT가 생성한 콘텐츠를 주기적으로 검토하세요

챗GPT는 사용자가 제공한 프롬프트에 기반하여 최선의 응답을
생성하려고 노력하지만, 그 결과가 항상 완벽하거나 정확하지 않을 수
있습니다.

따라서 사용자는 챗GPT가 생성한 콘텐츠를 주기적으로 검토하고,
그것이 사용자의 목표와 일치하는지 또는 정확하고 관련성이 있는지를
확인해야 합니다.

> **예** "내 요청사항에 대한 답변을 생성하면 0점부터 100점까지 점수를
> 부여하고, 나에게 점수를 알려줘. 가능한 100점짜리 답변을
> 생성하도록 해"

8) 지금까지의 대화를 표나 불릿 포인트 형식으로 정리하세요

챗GPT와 대화한 내용의 중요한 부분을 간단하게 요약하거나, 주요
아이디어나 정보를 표나 불릿 포인트 형식으로 정리하는 것은 매우
효과적인 방법입니다.

이렇게 함으로써 사용자는 지금까지의 내용을 쉽게 파악하고, 놓친

부분이 없는지 확인할 수 있습니다.

> 예 "지금까지 작성한 내용을 불릿 포인트로 요약해 줘"

9) 정리한 정보를 바탕으로 챗GPT가 초안을 작성하도록 하세요

사용자가 수집하고 정리한 정보를 바탕으로, 챗GPT에게 초안을 작성하도록 요청하세요.

챗GPT가 작성한 초안은 사용자가 필요로 하는 최종 결과물을 생성하는데 도움이 될 것입니다.

> 예 "정리한 내용을 바탕으로 초안을 작성해 줘"

10) 사실과 데이터를 확인합니다

챗GPT는 많은 정보와 데이터를 알고 있지만, 그것이 항상 최신이거나 정확한 것은 아닙니다. 따라서 사용자는 챗GPT가 제공한 정보나 데이터를 반드시 확인해야 합니다.

물론, 확률적으로 리스크가 낮은 결정은 챗GPT가 제공한 답변이나 데이터를 사용해도 무방하지만, 중요한 결정이나 잘못된 결정으로 인한 리스크가 클 경우에는 챗GPT가 생성한 내용 중 의심이 가거나 결정에

중대한 영향을 끼칠 수 있는 내용을 반드시 확인해야 합니다.

11) 마음에 들지 않거나 불완전한 부분은 변경하거나 추가합니다

챗GPT의 결과물이 완벽하지 않거나 사용자의 목표를 충분하게

만족시키지 못했다면 사용자는 결과물의 수정이나 보완을 요청할

수 있습니다. 또한, 만족한 결과를 낼 때까지 계속 수정을 시킬 수도

있습니다.

이때, 일부 방향성을 제시한 상태로 "100점짜리 결과를 만들어줘" 또는

"이게 최선이야? 최선의 결과를 만들어줘"라고 요청하면 높은 확률로

더 나은 결과물을 생성할 수 있습니다.

12) 챗GPT의 최종 결과물을 검토하고 배포합니다

최종적으로 사용자는 챗GPT가 생성한 최종 결과물을 검토하고,

결과물이 사용자의 목표와 일치하는지를 확인해야 합니다.

만약 최종 결과물에 만족한다면, 사용자는 결과물을 사용하거나 공유할

수 있습니다.

이 정도의 프롬프트 가이드 라인을 따른다면, 챗GPT를 비롯한 생성형

인공지능과의 대화를 통해 효과적인 결과를 얻어낼 수 있을 것입니다.

그러나 지금까지 설명한 프롬프트 작성 가이드 라인은 절대적인 법칙이 아닙니다. 이것은 하나의 기본 원칙에 불과하며, 각각의 상황에 따라 서로 다른 프롬프트를 작성해야 최선의 결과물을 도출할 수 있습니다. 따라서 사용자는 지금까지 설명한 프롬프트 작성의 기본 원칙을 감안하면서, 특정한 목표와 상황에 맞춰 조정하여 사용한다면 최선의 결과를 얻을 수 있는 프롬프트를 작성하여 활용할 수 있을 것입니다.

그렇다면 프롬프트 작성 방법을 설명하기 위해 예시로 들었던 '판타지 소설 세계관 구축하기'를 살펴보겠습니다. 판타지 소설의 세계관을 구축하기 위해 작성한 프롬프트는 다음과 같습니다.

[역할과 목표]
너는 반지의 제왕이나 해리포터 같은 최고의 판타지 소설을 쓸 수 있는 판타지 소설 작가로서 내가 베스트셀러 판타지 소설을 쓸 수 있도록 도와줘.
나는 마법과 스팀펑크 배경의 판타지 소설을 쓸거야. 내가 쓰는 소설이 세계관을 구성해줘.

[작성해야할 내용]
1. 매력적이고 입체적인 등장인물들을 설정하고
2. 각 등장인물들의 이름, 나이, 성장과정, 배경, 능력, 종족에 대한 세부적인 설명을 해줘.
3. 이 세계관에 등장하는 모든 종족과 그 특징, 각 종족간의 역사적인 관계, 상성 설명해주고,
4. 이 세계의 지도를 바탕으로 이 세계의 이름과 모든 지역의 이름과 특징, 기후에 대한 설명해줘.
5. 이 세계의 모든 도시의 이름과 지도자, 주요 종족, 정치체제, 기후와 역사에 대한 설명해주고,
6. 모든 빌런과 그에 대한 정체, 이름, 배경, 능력, 주요 활동 지역, 신분의 내용을 작성해줘

[작성할때 고려사항]
1. 풍부한 문학적 언어를 사용하는 것이 좋겠어. 풍부한 문학적 언어를 활용해 베스트셀러 소설가로서의 그림과 같은 상황과 인물 묘사하는 것이 좋을까? 아니면 간단한 묘사로 스피드 있게 글을 전개하는 것이 좋을까?
2. 나의 요청사항을 명확하게 인지하지 못했을 경우, 다시 나에게 확인하는 질문을 해줘
3. 내 요청사항에 대한 답변을 생성하면 0점부터 100점까지 점수를 부여하고, 나에게 알려줘. 가능한 100점 짜리 답변을 생성하도록 해

'판타지 소설의 세계관'을 구축하기 위해, 먼저 [역할과 목표]를 부여했습니다. 그 다음으로 어떤 내용을 작성해야 하는지 [작성해야 할 내용]을 구체적으로 정리하였고, 답변을 생성할 때 고려사항을 [작성할 때 고려사항]으로 정리하여 제공했습니다.

그 결과 다음과 같은 글이 작성되었습니다.

챗GPT에게 요청한 '판타지 소설의 세계관과 등장인물'에 대한 결과물을 살펴보면, 제가 요청했던 등장인물의 배경과 주요도시에 대한 정보 등이 모두 잘 묘사되어 있다는 것을 확인할 수 있습니다.

등장인물

크로니스 스톤휠러(Chronis Stonewheeler)

- 나이: 132세(드워프의 젊은이에 해당함)

- 성장 과정: 돌과 광물에 둘러싸인 산악 마을에서 자랐으며, 뛰어난 기술자로서 명성을 얻음.

- 배경: 세계의 자원을 보호하는 역할을 맡고 있으며, 마법과 기계를 융합시킨 기술로 다양한 발명품을 개발함.

- 능력: 강력한 기계 조종 능력과 지하 마법의 전문 지식을 갖추고 있음.

● 판타지 소설 세계관과 등장인물 설정

[역할과 목표]
당신은 판타지 소설 작가로서 마법과 스팀펑크 배경의 매력적인 소설을 쓸 수 있도록 도와드리겠습니다. 다음은 작성할 내용에 대한 답변입니다.

[작성해야할 내용]

1. 매력적이고 입체적인 등장인물들 설정:
   - 등장인물 1: 에밀리아 블레이드라넨 (Emilia Bladerannon)
     - 나이: 25세
     - 성장과정: 어린 시절에 부모를 잃고 무능한 가족의 양육하에서 도망쳐 살아남음. 능력을 키워 나가면서 스스로를 발전시켜왔음.
     - 배경: 전설적인 검사로 유명한 가문 출신으로 귀족적인 기반을 지녔으나, 자신의 길을 찾기 위해 그 가문을 떠났음.
     - 능력: 뛰어난 검술과 동부한 마법력으로 스팀펑크와 마법의 융합을 통해 놀라운 전투 기술을 구사함.
     - 종족: 인간
   - 등장인물 2: 크로니스 스톤휠러 (Chronis Stonewheeler)
     - 나이: 132세 (드워프의 젊은이에 해당함)
     - 성장과정: 돌과 광물에 둘러싸인 산악 마을에서 자랐으며, 뛰어난 기술자로서 명성을 얻음.
     - 배경: 세계의 자원을 보호하는 역할을 맡고 있으며, 마법과 기계를 융합시킨 기술로 다양한 발명품을 개발함.
     - 능력: 강력한 기계 조종 능력과 지하 마법의 전문 지식을 갖추고 있음.
     - 종족: 드워프
2. 세계관에 등장하는 모든 종족과 그 특징, 각 종족간의 역사적 관계, 상성 설명:
   - 인간: 가장 보편적인 종족으로 다양한 직업과 능력을 갖추고 있으며, 에밀리아가 속한 인간들은 전사와 마법사로서 균형있는 세계관을 이끌어감.
   - 드워프: 돌과 광물을 다루는 기술로 유명하며, 스팀펑크와 기계공학에 뛰어난 기술을 제공하고 있다.

- 엘프: 자연과 조화를 이루는 마법력으로 빛나는 도시와 숲속에 거주하며, 자연과 인간들 간의 교류와 상호 존중을 중시한다.
- 오르크: 강력한 전투 능력을 가진 종족으로서, 스팀펑크와 마법을 통해 새로운 전투 기술을 개발하며 무자비한 빌런으로 등장한다.

3. 세계의 지도와 지역 이름, 특징, 기후 설명:
   (지도 설명은 맵의 형태와 지역의 상세한 정보가 주어지지 않아 언급하기 어려움)

4. 모든 도시의 이름과 지도자, 주요 종족, 정치체제, 기후와 역사 설명:
   - 셀라비아 (Selavia): 에밀리아의 고향으로 풍요로운 대륙의 중심에 위치한 도시입니다. 다양한 인종들이 공존하며, 민주적인 통치체제를 채택하고 있습니다. 기후는 온화하며, 역사는 다양한 문명들의 발전과 함께 진행되었습니다.
   - 스톤폴 (Stonefall): 크로니스가 이끄는 드워프들의 도시로서, 바위와 기계가 어우러진 세련된 도시입니다. 정치체제는 기술자들의 의견을 모으는 의정부와 행정부가 중심입니다. 기후는 꾸준한 비와 우박이 내리는 산악 기후이며, 오랜 역사를 지니고 있습니다.

5. 모든 빌런과 그에 대한 정체, 이름, 배경, 능력, 주요 활동 지역, 신분:
   - 알렉시우스 블러드스워드 (Alexius Bloodsword): 오케이나 대륙의 암흑 마법사로서 인간들과 엘프들 사이의 갈등을 악용하는 빌런입니다. 예전에는 평범한 인간이었으나 어둠의 힘을 탐구하다가 무법자로 전락했습니다. 마법으로 군단을 조종하며 스팀펑크와 마법을 혼합한 무서운 기술을 사용합니다. 주요 활동 지역은 어두운 마법 숲이며, 세계를 통제하려는 야망을 품고 있습니다.

[작성할 때 고려사항]

1. 풍부한 문학적 언어를 사용하는 것이 좋습니다. 장면과 인물 묘사에 상세하면서도 감정을 자연스럽게 표현하는 것이 독자의 몰입도를 높일 수 있습니다.
2. 요청사항을 명확하게 이해하기 위해 꼬리 질문을 해드릴 수 있습니다.
3. 이에 대한 답변을 100점 만점 중 90점으로 평가하겠습니다. 좀 더 상세한 맵과 지역 설명, 더 많은 빌런의 상세한 특징을 추가하면 더욱 완성도가 높아질 수 있습니다.

- 종족: 드워프

주요도시

스톤폴(Stonefall): 크로니스가 이끄는 드워프들의 도시로써, 바위와

기계가 어우러진 세련된 도시입니다. 정치체제는 기술가들의

의견을 모으는 의정부와 행정부가 중심입니다. 기후는 꾸준한 비와

우박이 내리는 산악 기후이며, 오랜 역사를 지니고 있습니다.

한 번의 요청에 이 정도의 품질로 결과물이 생성되었습니다. 몇 번의

수정을 거친다면 제법 쓸만한 판타지 소설의 세계관을 구축할 수 있지

않을까요?

이것은 판타지 소설의 세계관을 구축해주는 유능한 컨셉 작가와 함께

작업하는 효율을 보여줄 수 있습니다. 이처럼 별다른 학습과정이나

미세조정 없이도 잘 구성된 프롬프트를 활용한다면 어떠한 업무를

수행하든 엄청난 생산성의 향상을 체감할 수 있을 것입니다.

비즈니스 현장에서의 프롬프트 디자인 : 사업계획서 작성하기

인공지능을 잘 활용하기 위해서는 프롬프트 디자인, 즉 프롬프트를 잘

구성하고 작성하는 것이 중요합니다. 프롬프트 디자인이 무엇인지 알기

위해, 지금까지 프롬프트의 종류 및 프롬프트 작성의 기본 원칙에 대해

설명했습니다.

하지만 인공지능을 가장 많이 활용하고, 프롬프트 디자인의 역량에

따라 생산성의 차이를 가장 많이 느낄 수 있는 분야는 아무래도

비즈니스 현장일 것입니다. 따라서 지금부터는 비즈니스 현장에서의

프롬프트 디자인 예시를 보겠습니다.

● R&D 과제나 창업사업화 등을 지원할 때 볼 수 있는 사업계획서 페이지

II. 사업계획서

※ 본문 8page 내외로 작성(증빙서류 등은 제한 없음), '파란색 안내 문구'는 삭제하고 검정색 글씨로
작성하여 제출, 양식의 목차, 표는 변경 또는 삭제 불가(행추가는 가능, 해당사항이 없는 경우 공란)
하며, 필요 시 사진(이미지) 또는 표 추가 가능

□ 일반현황

사업화 과제명	입교 후 진행하고자 하는 창업사업화 과제를 구체적으로 기재 (예시 : AR을 활용한 노후건물 리모델링 온라인 견적 산출 솔루션)		
신청자 성명 (생년월일)	한글로 기재 (0000.00.00)	성별	□ 남 / □ 여
기업명		사업자등록번호	사업자등록번호 기재
		법인등록번호	법인등록번호 기재(해당시)
개업연월일 (회사성립연월일)	0000. 00. 00 개인사업자 '개업연월일', 법인사업자 '회사성립연 월일'을 기재 (최초 설립 사업자 기준)	사업자 구분	□ 개인사업자 □ 법인사업자 □ 단독대표 □ 공동대표 □ 각자대표
	정부지원금	00백만원	고용 (명)	0명 (대표자 제외) ※ 신청일 기준 현재 고용인원
			매출	00백만원

우선 챗GPT를 활용하여 사업계획서를 작성해보겠습니다. 여기서는 정부사업을 위한 사업계획서를 작성하는 것으로 예시로 들겠습니다. 비즈니스 현장에서는 의외로 정부사업을 위해 사업계획서를 작성하는 일이 많고, 정부사업의 경우 사업계획서에 포함되어야 할 내용이 제시되기 때문에 예시로 삼기 적합하다고 판단했습니다.

먼저 이미지와 같이 창업사업화 과제 등을 위한 사업계획서를 작성하기 위해서는 챗GPT에게 사업계획서 작성을 수행할 수 있는 역할을 시스템 프롬프트로 부여해야 합니다.

2023년 7월 20일 이전에는 시스템 프롬프트의 역할을 사용자가 프롬프트 입력창에 입력해야 했지만, 7월 20일 업데이트된 Custom instructions 기능을 활용하면 시스템 프롬프트를 손쉽게 설정할 수 있습니다.
업데이트 이전에는 챗GPT와 대화가 길어지면 앞에서 사용자가 부여했던 역할을 잊어버리던 문제가 있었는데요. 이 문제를 Custom instructions 기능으로 해결한 것입니다.

챗GPT 화면 왼쪽 아래에 있는 프로필을 클릭하면 메뉴 화면이

나옵니다. 이 메뉴 화면에서 Custom instructions를 선택하면,

챗GPT에게 역할과 해야할 일을 부여하고 답변 양식까지 특정해서 받을

수 있습니다.

● **화면 좌측 하단 프로필을 클릭하면 나오는 메뉴**

Custom instructions를 클릭하여 들어가면 위아래로 나눠진 입력창이

두 개 나옵니다. 상단에는 챗GPT가 답변을 작성하기 위해 미리 알아야

하는 내용을 입력하는 영역이고, 하단은 챗GPT가 어떻게 응답을 해야

하는지를 정해주는 영역입니다.

이렇게 챗GPT에게 미리 사전 정보와 역할을 부여하고 답변해야 하는

양식을 알려주는 시스템 프롬프트의 유무에 따라 혹은 얼마나 정확하고

자세하게 시스템 프롬프트를 입력했는가에 따라 앞으로 챗GPT와

수행할 작업의 품질이 확연히 달라질 수 있습니다.

● Custom instructions의 입력창

먼저 사업계획서를 작성하기 위해 필요한 시스템 프롬프트를 작성하고,
시스템 프롬프트를 Custom instructions의 입력창에 넣어보도록
하겠습니다.

시스템 프롬프트 내용

[역할]

너는 우리 회사의 전략기획 담당자로서 "AR을 활용한 노후건물
리모델링 온라인 견적 산출 솔루션"을 주제로 사업계획서를
작성해 줘.

[회사 정보]

회사명 : ARBulid Innovations(ARBI)

대표자 : 이준혁

팀구성 : 이준혁 / 컴퓨터 공학 전공 / AR 기술 개발 및 회사 운영
관리 담당, 김예진 / 소프트웨어 엔지니어링 전공 / 솔루션 개발 및
기술팀 관리 담당, 박지민 / 건축학 전공 / 건물 리모델링 설계 및 AR
콘텐츠 제작 지원 담당, 최은영 / 인테리어 디자인 전공 / 인테리어
디자인 제안 및 AR 콘텐츠 제작 지원

개발단계 : 초기 개발 완료. 현재 베타 테스트 진행 중 / AR 기반의

건물 견적 시스템의 프로토타입 완성 / 사용자 피드백을 통해

솔루션의 추가 기능 및 수정 작업 예정

투자단계 : SEED 투자를 위한 준비 중. / 투자 제안서 및 피치 덱 작성

완료

주요거래처 : ARTech Solutions: AR 하드웨어 및 소프트웨어

공급업체 / BuildWorks: 건축 및 리모델링 자재 공급업체

협력사 : DesignStudioX: 인테리어 디자인 스튜디오 /

CityArchitects: 도시 및 건물 건축사무소

보유기술 : 실시간 3D AR 환경에서의 건물 및 인테리어 시뮬레이션

기술 / 고정밀 3D 스캔 기술을 이용한 노후건물 데이터 수집 /

사용자 맞춤형 견적 산출 알고리즘

(※ 위 회사 정보는 모두 가상의 데이터로 챗GPT에 의해 작성되었으며, 실제와 관련이 없습니다.)

[행동]

사업계획서는 구체적이고, 실행가능하고, 전문가의 톤으로

작성되어야 해.

사업계획서 작성을 하는데 잘 이해를 못했거나, 확인이 필요한

내용이 있으면 사용자에게 구체적인 질문을 통해 내용을 확인해 줘.

[평가]

작성한 사업계획서 내용을 스스로 100점 만점 기준으로 평가해서 95점 이상의 내용일 경우에만 작성하고, 마지막에 내용에 대한 {점수}를 표시해 줘.

여기서 [역할]은 챗GPT가 어떤 방향으로 동작해야 하는지를 알려줍니다. [역할] 설정을 통해 사용자는 챗GPT에게 사용자가 챗GPT를 사용하는 목적을 알려줄 수 있고, 사용자가 원하는 답변을 좀 더 잘 이끌어낼 수 있습니다.

[회사 정보]는 회사와 관련된 가능한 상세한 정보를 작성해 주시면 됩니다. 내용은 항목별로 구분할 수 있도록 { }, /, _ 등 어떤 기호를 사용해도 상관없습니다.

[행동]은 사용자가 원하는 결과물을 얻기 위해 챗GPT가 어떻게 행동해야 하는지를 알려주는 것입니다. [행동]을 알려줌으로써 챗GPT는 사용자가 원하는 결과물에 더 가깝게 작업을 할 수 있습니다. 이것은 한번의 프롬프트로 일을 끝내는 것이 아니라 챗GPT와의 상호작용을 통해 좀 더 좋은 결과물을 만들기 위한 설정입니다.

● 프롬프트 내용을 챗GPT Custom instructions에 입력한 모습

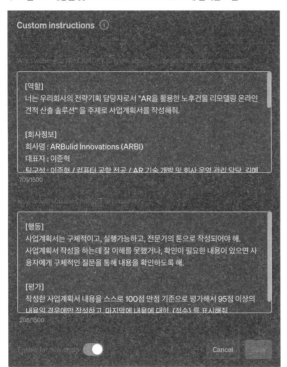

Custom instructions ⓘ

[역할]
너는 우리회사의 전략기획 담당자로서 "AR을 활용한 노후건물 리모델링 온라인
견적 산출 솔루션" 을 주제로 사업계획서를 작성해줘.

[회사정보]
회사명 : ARBulid Innovations (ARBI)
대표자 : 이준혁
티그션 · 이즈혀 / 커퓨터 고하 저공 / AR 기수 개반 및 회사 우역 관리 단단 기에

701/1500

[행동]
사업계획서는 구체적이고, 실행가능하고, 전문가의 톤으로 작성되어야 해.
사업계획서 작성을 하는데 잘 이해를 못했거나, 확인이 필요한 내용이 있으면 사
용자에게 구체적인 질문을 통해 내용을 확인하도록 해.

[평가]
작성한 사업계획서 내용을 스스로 100점 만점 기준으로 평가해서 95점 이상의
내용의 경우에만 작성하고 마지막에 내용에 대한 (점수) 를 표시해줘

208/1500

Enable for new chats   Cancel   Save

[평가]를 통해 챗GPT가 내놓은 결과물의 품질을 검증하고, 더 좋은 결과물을 생성하기 위한 지표를 제공합니다. 항상 더 좋은 결과물이 나오는 것은 아니지만 평가를 통해 몇 점 이상 혹은 "이게 최선입니까?"라는 피드백을 통해 챗GPT가 더 나은 결과물을 생성할 수 있도록 도울 수 있습니다.

이제 준비된 시스템 프롬프트의 내용을 Custom instructions의 입력창에 입력하고 저장하면 사업계획서 작성을 위한 본격적인 준비가 모두 끝납니다.

사업 아이템은 사업계획서 양식에 예시로 적혀 있는 **'AR을 활용한 노후건물 리모델링 온라인 견적 산출 솔루션'**을 활용했습니다. 정부사업 과제용 사업계획서는 공시된 사업계획서 양식에 어떤 내용이 포함되어야 하는지가 정해져 있고, 대부분의 경우 가이드가 제시되어 있습니다. 따라서 해당 내용을 참고하여 사업계획서의 내용을 작성해보도록 하겠습니다.

사업화 과제 소개	※ 핵심기능, 소비자층, 사용처 등 주요 내용을 중심으로 간략히 기재
사업화 과제 차별성	※ 사업화 과제의 현재 개발단계를 기재 예) 아이디어, 시제품 제작 중, 프로토타입 개발 완료 등
국내외 목표시장	※ 국내 외 목표시장, 판매 전략 등을 간략히 기재

먼저 '사업화 과제 개요' 부분입니다. 개요 부분은 보통 이미지와 같이 작성해야 할 항목과 가이드가 적혀 있습니다. 이렇게 작성할 항목과 작성 가이드가 있는 경우에는 항목과 가이드를 그대로 프롬프트로 사용할 수 있습니다.

하지만 작성할 항목과 가이드가 없는 백지 상태에서 사업계획서를 작성할 경우, 챗GPT와 대화를 통해 포함될 항목과 각 항목에 어떤 내용이 들어가면 좋을지를 찾을 수도 있습니다.

여기서는 빠른 설명을 위해 공시된 사업계획서 양식에 포함된 항목과 가이드를 참조하여 진행하겠습니다.

사업화 과제 소개

: 핵심기능, 소비자층, 사용처 등 주요 내용을 중심으로 간략하게

기재

사업화 과제 차별성

: 사업화 과제의 현재 개발단계를 기재

예 아이디어, 시제품 제작 중, 프로토타입 개발 완료 등

국내외 목표시장

: 국내 외 목표시장, 판매 전략 등을 간략히 기재

우리는 이미 Custom instructions에 시스템 프롬프트를 입력했습니다.

[회사 정보] 프롬프트에 작성한 것처럼 사업계획서 작성 전에 필요한

회사명, 대표자, 팀 구성, 개발 단계, 투자유치 단계, 거래처, 협력사,

보유기술 등 회사와 관련된 자세한 정보를 제공해주는 것이 좋습니다.

만약, 이러한 사전 정보를 시스템 프롬프트로 입력하지 않고 챗GPT를

활용해 사업계획서를 작성할 경우, 우리 회사의 사업과 상황에 맞지

않는 내용이 생성될 것입니다. 이럴 경우 많은 부분을 수정해야 하기

때문에 더 많은 시간이 소요될 수 있습니다. 심할 경우 전혀 도움이 안

되는 사업계획서가 작성될 수도 있습니다.

사업화 과제 소개
: 핵심기능, 소비자층, 사용처 등 주요 내용을 중심으로 간략하게 기재

사업화 과제 소개

핵심기능

- **실시간 3D AR 환경에서의 건물 및 인테리어 시뮬레이션**: 사용자는 AR을 통해 노후 건물의 리모델링 전후를 실시간으로 비교하고, 다양한 인테리어 옵션을 시각적으로 체험할 수 있다.
- **고정밀 3D 스캔 기술을 이용한 노후 건물 데이터 수집**: 노후 건물의 구조와 상태를 고정밀 3D 스캔을 통해 데이터화하며, 이를 기반으로 정확한 견적을 산출한다.
- **사용자 맞춤형 견적 산출 알고리즘**: 사용자의 선택과 입력을 바탕으로 견적을 즉시 생성하며, 추가적인 변경 요청에도 신속하게 대응할 수 있다.

소비자층

- 건물 소유주나 임차인
- 리모델링 업체 및 컨설턴트
- 공공기관(노후 건물 리모델링 프로젝트 담당)
- 부동산 업체

사용처

- **개인 건물 리모델링**: 개인 소유의 노후 건물이나 임대 건물을 리모델링하고자 하는 소비자를 위한 견적 및 설계 서비스.
- **상업적 리모델링**: 상업용 건물을 보유한 기업체나 오피스 건물, 상가 등의 리모델링을 계획하는 경우.
- **공공 프로젝트**: 지방정부나 공공기관에서 주관하는 노후 건물 리노베이션 프로젝트의 견적 산출 및 시뮬레이션.

본 서비스는 AR 기술을 활용하여 전통적인 리모델링 견적 산출 과정을 혁신화하고, 사용자에게 더욱 효율적이고 정확한 견적을 제공합니다.

먼저 사업화 과제 소개 항목부터 시작해보겠습니다. Custom instructions의 시스템 프롬프트로 사전 정보를 충분히 입력했기 때문에, 사업계획서 양식에 포함된 항목과 가이드를 유저 프롬프트로 사용했음에도 불구하고 사업화 과제 소개가 잘 작성된 것을 확인할 수 있습니다.

이렇게 중요한 요점이나 단어를 나열하는 개조식으로 작성하는 것보다 서술식을 선호할 경우, 챗GPT에게 해당 내용을 서술형으로 작성해달라고 프롬프트를 추가하면 서술형으로 수정된 결과물을 받아볼 수 있습니다.

 사업화 과제 소개
: 핵심기능, 소비자층, 사용처 등 주요 내용을 중심으로 간략하게 기재

서술형으로 작성해줘

사업화 과제 소개

핵심기능

우리의 솔루션, "AR을 활용한 노후건물 리모델링 온라인 견적 산출 솔루션,"은 세 가지 주요 기능을 중심으로 구축되어 있다. 첫째, 실시간 3D AR 환경에서 사용자가 노후 건물의 리모델링 전과 후를 직접 비교하며 다양한 인테리어 및 건축 옵션을 시각적으로 체험할 수 있다. 둘째, 고정밀 3D 스캔을 통해 노후 건물의 정확한 구조와 상태를 데이터화한다. 이 데이터는 리모델링의 견적 산출에 필요한 정확한 정보를 제공한다. 셋째, 사용자 맞춤형 견적 산출 알고리즘을 통해 실시간으로 견적을 생성하고, 필요한 경우 사용자의 추가 입력에 따라 견적을 수정할 수 있다.

소비자층

본 솔루션의 타깃 소비자층은 다양하다. 건물 소유주나 임차인들은 개인적인 리모델링 프로젝트를 위해 이 솔루션을 활용할 수 있다. 또한, 리모델링 업체 및 컨설팅 서비스 제공자, 그리고 공공기관에서도 노후 건물 리모델링 프로젝트의 견적과 시뮬레이션 단계에서 이 솔루션을 유용하게 사용할 것이다. 부동산 업체 또한 노후 건물의 가치를 재평가하거나 리모델링을 제안할 때 이 솔루션을 활용할 수 있다.

사용처

이 솔루션은 개인 건물 리모델링부터 상업적 리모델링, 그리고 공공 프로젝트까지 다양한 사용처를 가진다. 개인 소유의 노후 건물이나 임대 건물을 리모델링하려는 소비자, 상업용 건물을 보유한 기업, 그리고 공공기관의 노후 건물 리노베이션 프로젝트 등에 이 솔루션을 적용할 수 있다.

이러한 다양한 기능과 활용성을 통해, ARBulid Innovations은 노후 건물 리모델링 시장에서 혁신적인 서비스를 제공할 것이다.

{점수: 98점}

따라서 결과물은 개조식 문장을 선호하는지 서술형 문장을 선호하는지에 따라 선택할 수 있습니다. 만약 서술형으로 작성된 결과물을 요약하고 싶으면 "짧게 작성해줘" 또는 "요약을 해줘"라고 프롬프트를 입력하면 요약된 짧은 글을 얻을 수도 있습니다.

사업화 과제 소개

핵심기능

우리의 "AR을 활용한 노후건물 리모델링 온라인 견적 산출 솔루션"은 세 가지 주요 기능을 제공한다: 실시간 3D AR 시뮬레이션, 고정밀 3D 스캔으로 건물 데이터 수집, 그리고 실시간 사용자 맞춤 견적 산출.

소비자층

타깃 고객은 건물 소유주, 리모델링 업체, 공공기관, 그리고 부동산 업체 등이다.

사용처

이 솔루션은 개인 건물 리모델링부터 상업적 리모델링, 공공 프로젝트까지 다양한 환경에서 활용 가능하다.

{점수: 97점}

이렇게 사업계획서는 선호하는 양식에 따라 개조식, 서술형, 요약 등 각 상황에 맞게 작성이 가능합니다. 이 모든 요구사항을 다 반영해서 초안을 작성하는 시간은 채 1분이 안 걸린 것 같습니다.

물론 Custom instructions에 시스템 프롬프트로 사전 정보를 충분히 제공했기에 가능한 일입니다.

시스템 프롬프트로 사전 정보를 충분히 제공하고 역할 등을 제대로 부여했다면, 나머지 사업계획서 작성을 위한 내용은 챗GPT에게 각종 요구사항을 요청하는 것만으로 빠르게 작성할 수 있습니다.

사업화 과제 차별성
: 사업화 과제의 현재 개발단계를 기재
(예) 아이디어, 시제품 제작 중, 프로토타입 개발 완료 등

서술형으로 짧게 작성해줘

사업화 과제 차별성

현재 개발단계

우리의 솔루션은 프로토타입 개발을 완료한 상태이며, 현재 베타 테스트를 진행 중입니다. 사용자 피드백을 통해 추가 기능 및 수정 작업을 계획하고 있습니다.

차별성

우리의 솔루션은 고정밀 3D 스캔과 실시간 AR 시뮬레이션을 결합하여, 노후 건물 리모델링에 있어서 훨씬 더 정확하고 생동감 있는 견적과 시뮬레이션을 제공합니다. 이로써 사용자는 리모델링 결과를 미리 체험하고, 맞춤형 견적을 즉시 받을 수 있습니다.

{점수: 96점}

국내외 목표시장
: 국내 외 목표시장, 판매 전략 등을 간략히 기재

서술형으로 짧게 작성해줘

국내외 목표시장 및 판매 전략

목표시장

국내에서는 건축 및 리모델링 업체, 공공기관, 그리고 부동산 업체를 주 타깃으로 설정합니다. 국외에서는 미국과 유럽의 리모델링 시장을 우선적으로 타겟으로 합니다. 해당 지역에서 노후 건물 리모델링 수요가 높기 때문입니다.

판매 전략

1. B2B 전략: 기존 건축 및 리모델링 업체에 파트너십을 제안하고, 솔루션을 도입하게끔 유도합니다.
2. 온라인 마케팅: 특히 국외 시장에서는 디지털 마케팅을 강화하여 브랜드 인지도를 높입니다.
3. 공공기관 협력: 국내외 공공기관과 협력을 통해 노후 건물 리노베이션 프로젝트에 솔루션을 적용합니다.

{점수: 95점}

이렇게 챗GPT가 생성한 내용을 바탕으로 사업계획서 양식의 '사업화 과제 개요'를 항목별로 입력하면 다음과 같이 사업계획서를 작성할 수 있습니다.

□ 사업화 과제 개요 (요약)	
사업화 과제 소개	**핵심기능** 우리의 "AR을 활용한 노후건물 리모델링 온라인 견적 산출 솔루션"은 세 가지 주요 기능을 제공한다: 실시간 3D AR 시뮬레이션, 고정밀 3D 스캔으로 건물 데이터 수집, 그리고 실시간 사용자 맞춤 견적 산출. **소비자층** 타깃 고객은 건물 소유주, 리모델링 업체, 공공기관, 그리고 부동산 업체 등이다. **사용처** 이 솔루션은 개인 건물 리모델링부터 상업적 리모델링, 공공 프로젝트까지 다양한 환경에서 활용 가능하다.
사업화 과제 차별성	**현재 개발단계** 우리의 솔루션은 프로토타입 개발을 완료한 상태이며, 현재 베타 테스트를 진행 중입니다. 사용자 피드백을 통해 추가 기능 및 수정 작업을 계획하고 있습니다. **차별성** 우리의 솔루션은 고정밀 3D 스캔과 실시간 AR 시뮬레이션을 결합하여, 노후 건물 리모델링에 있어서 훨씬 더 정확하고 생동감 있는 견적과 시뮬레이션을 제공합니다. 이로써 사용자는 리모델링 결과를 미리 체험하고, 맞춤형 견적을 즉시 받을 수 있습니다.
국내외 목표시장	**목표시장** 국내에서는 건축 및 리모델링 업체, 공공기관, 그리고 부동산 업체를 주 타깃으로 설정합니다. 국외에서는 미국과 유럽의 리모델링 시장을 우선적으로 타겟으로 합니다, 해당 지역에서 노후 건물 리모델링 수요가 높기 때문입니다. **판매 전략** B2B 전략: 기존 건축 및 리모델링 업체에 파트너십을 제안하고, 솔루션을 도입하게끔 유도합니다. 온라인 마케팅: 특히 국외 시장에서는 디지털 마케팅을 강화하여 브랜드 인지도를 높입니다. 공공기관 협력: 국내외 공공기관과 협력을 통해 노후 건물 리노베이션 프로젝트에 솔루션을 적용합니다.

'사업화 과제 개요' 작성에 걸린 시간은 총 2~3분 정도 같습니다. 아무리 회사 정보를 잘 알고 있다고 해도, 사업계획서 초안 작성을 2~3분 안에

끝낼 수 있는 사람은 많지 않습니다. 오히려 거의 없다고 봐도 될 정도로 희박하지 않을까요?

챗GPT를 비롯한 생성형 인공지능을 활용하면 업무능력이 매우 뛰어난 동료와 함께 일을 하는 효과를 볼 수 있습니다.

이같은 방법을 활용하면 개요를 작성하는 것뿐만 아니라, '본문' 내용을 작성하는 것도 문제가 없습니다. 계속해서 사업계획서 양식에 포함된 항목과 가이드를 프롬프트 삼아 '본문'을 작성해보겠습니다.

'사업화 과제 개요'는 말 그대로 간결하게 추려서 요약한 내용을 작성하는 것이었습니다. 따라서 프롬프트를 작성할 때, "짧게 작성해줘"라고 요청했지만, '본문' 내용은 좀 더 상세하게 작성할 필요가 있습니다.

그래서 '본문'을 위한 프롬프트에는 "구체적으로 설명해줘"라는 프롬프트를 추가해보겠습니다. 그럼 챗GPT는 개요와 달리 구체적으로 작성된 '제품·서비스의 개발동기'를 제공해줄 것입니다.

제품·서비스의 개발동기
※ 자사가 개발(보유)하고 있는 제품·서비스에 대한 개발동기 등을 기재

구체적으로 설명해줘

제품·서비스의 개발동기

문제 인식

노후 건물의 리모델링은 종종 복잡한 절차, 높은 비용, 그리고 불확실성을 수반합니다. 전통적인 견적 과정에서는 여러 전문가의 현장 방문이 필요하며, 이는 시간과 비용이 많이 소요됩니다. 또한, 견적 결과를 실제로 확인하기 전까지는 불확실성이 지속됩니다.

기술 결합의 필요성

우리는 이 문제를 해결하기 위해 고정밀 3D 스캔 기술과 실시간 3D AR 시뮬레이션을 결합하기로 했습니다. 3D 스캔은 노후 건물의 현재 상태를 정밀하게 캡쳐해, 데이터를 정확하게 수집합니다. 이 데이터를 AR 시뮬레이션에 적용하면 사용자는 리모델링 결과를 미리 '보고' '느낄' 수 있습니다.

구체적 동기

1. **비용 절감:** 고정밀 3D 스캔으로 한 번의 현장 방문으로 충분한 데이터를 수집, 여러 번의 현장 방문과 그에 따른 비용을 절감합니다.
2. **시간 절약:** 실시간 견적 산출 알고리즘을 통해, 사용자는 바로 견적을 받을 수 있으므로 기존 방법보다 훨씬 빠르게 결정을 내릴 수 있습니다.
3. **리스크 완화:** AR 시뮬레이션으로 미리 결과를 확인함으로써, 사용자의 불확실성을 줄이고, 리모델링 결과에 대한 만족도를 높입니다.

이러한 동기와 목표를 바탕으로, 우리는 "AR을 활용한 노후건물 리모델링 온라인 견적 산출 솔루션"을 개발하게 되었습니다.

{점수: 98점}

'본문'의 항목과 가이드를 참고하여 차례대로 챗GPT에게 프롬프트를

입력하면, 개요를 완성한 것처럼 사업계획서 전체를 완성할 수

있습니다.

물론, 정부사업 사업계획서를 예시로 들었기 때문에 사업계획서

양식이 제공되었고, 사업계획서 양식에 작성할 항목과 가이드가

포함되었기에 수월하게 작성된 것도 있습니다. 하지만 앞서 설명했듯이

시스템 프롬프트로 사전 정보와 역할을 제대로 제공하고, 제대로

된 유저 프롬프트를 디자인하여 인공지능에게 제공한다면 더 나은

사업계획서도 가능할 것입니다.

1. 문제인식 (Problem)

1-1. 제품·서비스의 개발동기

문제 인식

노후 건물의 리모델링은 종종 복잡한 절차, 높은 비용, 그리고 불확실성을 수반합니다. 전통적인 견적 과정에서는 여러 전문가의 현장 방문이 필요하며, 이는 시간과 비용이 많이 소요됩니다. 또한, 견적 결과를 실제로 확인하기 전까지는 불확실성이 지속됩니다.

기술 결합의 필요성

우리는 이 문제를 해결하기 위해 고정밀 3D 스캔 기술과 실시간 3D AR 시뮬레이션을 결합하기로 했습니다. 3D 스캔은 노후 건물의 현재 상태를 정밀하게 캡쳐해, 데이터를 정확하게 수집합니다. 이 데이터를 AR 시뮬레이션에 적용하면 사용자는 리모델링 결과를 미리 '보고' '느낄' 수 있습니다.

챗GPT를 비롯한 생성형 인공지능을 활용하면 비즈니스 현장에서 드라마틱한 생산성의 향상을 이끌어낼 수 있습니다.

정부사업 입찰을 위한 사업계획서 작성을 대행해주고 수백만 원의 컨설팅 비용을 요구하는 업체도 많습니다. 하지만 사업계획서의 초안을 작성할 때부터 인공지능을 이용하면 초안 작성 시간은 물론 비용까지 크게 줄일 수 있습니다.

이렇게 초안 작성에 절약된 시간과 비용을 실제 사업계획서 작성에 투입한다면, 훨씬 전문적이고 고품질의 사업계획서를 작성할 가능성이 높아질 것입니다.

비즈니스 현장에서의 프롬프트 디자인 : 보고서 작성하기

회사 생활을 하다 보면 보고서를 작성하는 일이 많습니다. 보고서를 작성하는 것은 사업계획서를 작성하는 것만큼이나 어려운 일 중에 하나인데요. 보고서 작성 노하우, 보고서 작성 요령 등을 담은 책이나 글을 아무리 읽어봐도 보고서 작성은 좀처럼 쉬운 일이 아닙니다. 이런 보고서 작성도 챗GPT와 같은 생성형 인공지능을 잘 활용한다면 좀 더 쉽고 빠르게 양질의 보고서로 작성할 수 있습니다.

보고서 작성을 잘하기 위해서는 우선 보고서의 작성 목적을 파악하는 것이 가장 중요합니다.

누구에게 보고할 것인지, 왜 이 보고서를 쓰는지, 어떤 내용이

포함되어야 하는지 등을 알아야 합니다.

이번 보고서 작성 예시도 앞서 사업계획서 작성 예시에서 설정했던

'ARBulid Innovations[ARBI]'의 사업과 내용을 그대로 이어서

활용하겠습니다.

이 보고서의 제출 대상은 대표님으로 하고, 보고서를 작성하는 목적은

시장조사, 포함되어야 하는 내용은 '리모델링이 필요한 우리나라

건물'에 관한 것으로 설정하겠습니다.

해당 내용을 토대로 Custom instructions에 입력할 시스템 프롬프트를

준비해야 합니다. 앞서 사업계획서 사례에서도 언급했지만, 시스템

프롬프트의 내용이 충분해야 챗GPT는 내가 원하는 보고서의 내용을

제대로 작성하여 제공할 수 있습니다.

[역할]

너는 우리 회사의 마케팅기획 담당자로서 "리모델링이 필요한

우리나라 노후건물 시장조사 보고서"를 주제로 대표님께 보고할

보고서를 작성해 줘.

[회사 정보]

회사명 : ARBulid Innovations(ARBI)

대표자 : 이준혁

팀구성 : 이준혁 / 컴퓨터 공학 전공 / AR 기술 개발 및 회사 운영 관리 담당, 김예진 / 소프트웨어 엔지니어링 전공 / 솔루션 개발 및 기술팀 관리 담당, 박지민 / 건축학 전공 / 건물 리모델링 설계 및 AR 콘텐츠 제작 지원 담당, 최은영 / 인테리어 디자인 전공 / 인테리어 디자인 제안 및 AR 콘텐츠 제작 지원

개발단계 : 초기 개발 완료. 현재 베타 테스트 진행 중 / AR 기반의 건물 견적 시스템의 프로토타입 완성 / 사용자 피드백을 통해 솔루션의 추가 기능 및 수정 작업 예정

투자단계 : SEED 투자를 위한 준비 중. / 투자 제안서 및 피치 덱 작성 완료

주요거래처 : ARTech Solutions: AR 하드웨어 및 소프트웨어 공급업체 / BuildWorks: 건축 및 리모델링 자재 공급업체

협력사 : DesignStudioX: 인테리어 디자인 스튜디오 / CityArchitects: 도시 및 건물 건축사무소

보유기술 : 실시간 3D AR 환경에서의 건물 및 인테리어 시뮬레이션 기술 / 고정밀 3D 스캔 기술을 이용한 노후건물 데이터 수집 /

사용자 맞춤형 견적 산출 알고리즘

[순서]

보고서 작성 순서는 배경, 현황, 문제점 분석, 개선 방향, 효과 순으로
작성해야 해.

[내용]

내용의 흐름은 아래의 순서로 작성해.

1) 주장을 만들고 대강의 요점을 먼저 제시

2) 주장에 대한 이유와 근거를 제시

3) 이유를 보강하기 위한 구체적인 사례를 언급

4) 주장을 마무리하며 이유와 사례를 근거로 처음 주장한 내용이
타당하다는 것을 설명하며 강조

[문체]

문장은 간결하고, 이해하기 쉽게 작성해 줘.

Custom instructions에 입력하기 위해 준비한 시스템 프롬프트의
내용에 대해 하나씩 살펴보겠습니다. 우선 챗GPT에게 부여할 역할과

회사에 대한 정보가 필요합니다.

[역할]에는 보고서의 목적과 보고 대상, 내용이 담겨있고, [회사 정보]에는 사업계획서 작성과 마찬가지로 챗GPT가 우리 회사와 사업에 맞는 보고서를 작성할 수 있도록 참고해야 하는 내용을 포함했습니다.

다음으로 사용자가 원하는 보고서 양식과 포함되어야 할 내용을 챗GPT에게 숙지시켜야 합니다.

[순서]는 전체적인 보고서 작성 순서를 의미합니다. 먼저 배경을 제시하고, 현황을 파악하고, 현재의 문제점을 분석하고, 개선 방향을 정해서 그 효과를 주장하는 것이 일반적인 보고서의 흐름이기 때문에 이렇게 설정을 하였습니다. 상황과 대상에 맞게 순서는 수정해주시면 됩니다.

[내용]에는 보고서 내용을 어떻게 작성해야 하는지 구성을 넣어야 합니다. 일반적으로 회사에서 작성하는 보고서는 상황을 설명하는 것에서 그치는 것이 아니라 어떻게 해야 하는지 등의 구체적인 액션 플랜을 동반해야 하므로 주장이나 의견을 제시하는 경우가 많습니다. 그렇기 때문에 주장의 타당성을 입증하기 위한 근거나 사례, 강조 등을 활용합니다. 그냥 단순 현황 분석 및 정보 제공을 위한 보고서라면 이

과정을 거치지 않아도 됩니다.

마지막으로 보고서 작성을 위한 문장 스타일을 설정했습니다.

[문체]는 보고서를 어떻게 작성해야 할지 챗GPT에게 알려주는

것입니다. 장황하게 설명하지 말고 간결하고 이해하기 쉬운 문장으로

작성하라는 가이드를 준 것입니다.

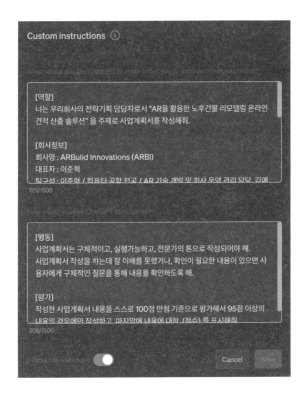

준비된 시스템 프롬프트의 내용 중 [역할]과 [회사 정보]는 Custom

instructions의 상단 입력창에 입력하고, 나머지 내용은 하단의

입력창에 입력하면 보고서 작성을 위한 시스템 프롬프트 준비가 끝난

것입니다.

이렇게 시스템 프롬프트를 입력하고 저장했다면, 곧바로 보고서를

작성해달라는 유저 프롬프트 대화를 시작하면 됩니다.

 보고서를 작성해줘

리모델링이 필요한 우리나라 노후건물 마켓조사 보고서

배경

주장

노후건물의 리모델링은 ARBI의 AR 기술을 활용하여 비용 효율적이고 지속 가능한 방법으로 개선될 수 있다.

이유 및 근거

* 노후건물은 안전성과 에너지 효율성이 낮다.
* 리모델링 비용이 신규 건축에 비해 낮으며, 기존 건물의 가치를 높인다.

구체적인 사례

* 서울의 어느 노후 아파트 단지는 리모델링을 통해 에너지 효율성을 30% 개선했다.

마무리

따라서, ARBI의 기술은 노후건물의 리모델링 시장에서 큰 잠재력을 가지고 있다.

챗GPT가 처음으로 작성한 보고서 내용을 보니 배경, 주장, 이유 및 근거, 구체적인 사례, 마무리 등 소제목으로 구분하는 개조식 문장이 보기에 좋지 않았습니다. 그래서 보고서 작성을 멈추고 서술형으로 작성해달라는 요청과 함께 프롬프트를 일부 수정하여 다시 작성하였습니다.

 주장, 이유 및 근거, 구체적인 사례, 마무리의 소제목은 빼고, 서술형으로 작성해줘

리모델링이 필요한 우리나라 노후건물 마켓조사 보고서

배경

노후건물의 리모델링은 ARBI의 AR 기술을 활용하여 비용 효율적이고 지속 가능한 방법으로 개선될 수 있다. 노후건물은 대체로 안전성과 에너지 효율성이 낮기 때문에 문제가 발생할 가능성이 높다. 또한 리모델링은 신규 건축에 비해 비용이 낮고, 기존 건물의 가치를 높일 수 있다. 예를 들어, 서울의 어느 노후 아파트 단지는 리모델링을 통해 에너지 효율성을 30% 개선했다. 따라서 ARBI의 기술은 노후건물의 리모델링 시장에서 큰 잠재력을 가지고 있다.

현황

현재 노후건물의 비율은 점점 증가하고 있으며, 이에 따른 리모델링 수요도 늘고 있다. 통계청의 자료에 따르면, 30년 이상 된 건물이 전체의 20%를 차지하며, 리모델링 시장은 연간 10% 성장률을 보이고 있다. 부산에서는 노후 상가건물을 리모델링하여 지역 상권을 활성화시켰다. 이러한 현황을 통해 볼 때, 노후건물과 그에 따른 리모델링 수요는 지속적으로 증가하고 있음을 알 수 있다.

문제점 분석

노후건물 리모델링의 주요 문제점은 높은 비용과 정보 부족이다. 리모델링 과정에서 예상치 못한 비용이 발생하기 쉽고, 소비자는 견적과 디자인에 대한 정보가 부족하다. 한 오피스 빌딩의 리모델링 과정에서는 예상치 못한 구조적 문제로 추가 비용이 발생했다. 따라서 정확한 정보와 효율적인 비용 관리가 필요하다.

개선 방향

ARBulid Innovations의 AR 기술은 이러한 문제점을 해결할 수 있다. 실시간 3D AR 환경에서의 시뮬레이션 기술로 디자인과 비용을 미리 확인할 수 있다. 또한, 고정밀 3D 스캔 기술을 이용하여 노후 건물의 현상을 정확히 파악한다. Beta 테스트 중인 우리의 AR 기반 견적 시스템은 사용자 피드백에 매우 긍정적이다. 그 결과, ARBI의 기술은 노후건물 리모델링의 효율성과 정확성을 크게 향상시킬 수 있다.

효과

ARBI의 기술 도입으로 리모델링 시장에서의 경쟁력을 획기적으로 높일 수 있다. 높은 비용 효율과 정보 제공으로 고객 만족도가 증가할 것이며, 새로운 기술 도입으로 시장 선도 기업으로 자리매김할 수 있다. 기존의 경쟁사는 이러한 3D 스캔과 AR 기술을 활용하지 않고 있기 때문에, ARBI의 기술은 리모델링 시장에서 혁신적인 변화를 가져올 것이다.

이렇게 작성된 보고서 초안을 확인하고 좀 더 자세한 내용으로 작성되기를 원할 경우, 해당 내용을 복사하여 어시스턴트 프롬프트로 삼아 프롬프트 창에 넣고 좀 더 자세한 내용으로 작성해달라고 요청하면 됩니다.

예를 들어, 현황에 대해 좀 더 자세한 내용이 포함되어 작성되길 원한다면 현황의 결과 내용을 복사하여 챗GPT에 어시스턴트 프롬프트로 제공하면 좀 더 자세한 내용으로 수정됩니다.

초안으로 작성된 내용을 복사하여 프롬프트 창에 입력하고 "이 내용을 좀 더 자세하게 작성해줘"라는 덧붙였더니 다음과 같은 결과를 얻을 수 있었습니다.

현황
현재 노후건물의 비율은 점점 증가하고 있으며, 이에 따른 리모델링 수요도 늘고 있다. 통계청의 자료에 따르면, 30년 이상 된 건물이 전체의 20%를 차지하며, 리모델링 시장은 연간 10% 성장률을 보이고 있다. 부산에서는 노후 상가건물을 리모델링하여 지역 상권을 활성화시켰다. 이러한 현황을 통해 볼 때, 노후건물과 그에 따른 리모델링 수요는 지속적으로 증가하고 있음을 알 수 있다.

이 내용을 좀 더 자세하게 작성해줘

현재 국내 노후건물 문제는 점차 심각해지고 있으며, 이에 따른 리모델링 수요는 지속적으로 증가하고 있다. 통계청의 최근 자료에 따르면, 전국적으로 30년 이상 된 건물은 전체 건물 대비 약 20%를 차지하고 있다. 이는 약 10년 전 대비 건물 수에서 상당한 증가율을 보이며, 이러한 증가율은 앞으로도 지속될 것으로 예상된다.

또한, 리모델링 시장의 규모는 연간 약 10%의 성장률을 기록하고 있어, 이는 건설업계에서 무시할 수 없는 부분이 되고 있다. 이러한 성장은 주로 노후화된 주거용 건물, 상업용 건물, 그리고 공공시설에서 비롯되고 있으며, 특히 도시 지역에서 그 수요가 집중되고 있다.

부산을 사례로 들면, 노후 상가건물의 리모델링이 지역 경제에 긍정적인 영향을 끼치고 있다. 이러한 리모델링 프로젝트를 통해, 노후 상가건물이 현대적인 페이사지로 변모하고 있으며, 이는 지역 상권의 활성화뿐만 아니라 일자리 창출까지 이어지고 있다.

이러한 현황을 종합적으로 고려할 때, 노후건물에 대한 리모델링 수요는 단순히 건물을 개선하는 것을 넘어서, 지역 경제와 사회에도 중요한 영향을 끼치고 있다. 따라서 이러한 수요는 앞으로도 지속적으로 증가할 것으로 예상되며, 이에 따른 시장의 포텐셜은 상당하다고 볼 수 있다.

처음 생성된 초안에 비해 좀 더 자세하고 구체적인 사례를 들고 있음을 알 수 있습니다. 생성된 내용을 다시 프롬프트에 넣어서 더 구체적인 이야기들을 생성하게 요청하면 꽤 심도 있는 보고서까지 작성할 수 있습니다. 물론, 보다 나은 보고서를 위해 데이터나 자세한 수치를 제공한다는 전제가 필요합니다.

챗GPT가 보고서에서 제공하는 데이터는 정확한 수치를 토대로 한 것이 아니라 생성형 인공지능이 임의로 생성한 내용입니다. 관련 정보의 현재 데이터를 제공해줄 수 있다면, 챗GPT는 해당 데이터를 반영한 비즈니스 현장에서 사용가능한 보고서를 작성할 수 있습니다.

이렇게 Custom instructions에 시스템 프롬프트를 입력하고, 주제의 초안을 챗GPT에게 작성하게 한 다음, 각 항목을 자세하게 작성하게 하면 보고서 작성 시간을 매우 단축할 수 있습니다.

실제로 Custom instructions에 입력해야 하는 시스템 프롬프트 작성을 제외하고, 보고서의 초안이 완성되기까지 걸린 시간은 1~2분 정도였습니다.
각 항목을 자세하게 작성하는 것 역시 항목당 2~30초 내외로 소요되기 때문에 데이터만 갖춰져 있다면 보고서를 작성하는 것은 10분이면 충분하다고 생각합니다.

물론, 사업계획서와 마찬가지로 챗GPT가 작성한 초안을 그대로 보고서로 활용하기는 어려울 것입니다. 우리가 비즈니스 현장에서 사용하는 양식과 문장으로 수정하고, 보고서에 포함된 데이터 수치가

틀리지 않았는지 검토하는 과정을 반드시 거쳐야 하기 때문입니다.

하지만 이러한 과정을 거치더라도 보고서가 완성되는 시간은 기존에

사람들이 하나하나 작업했던 시간에 비해 비약적으로 빨라질 것입니다.

챗GPT를 비롯한 생성형 인공지능을 자주 사용하고, 인공지능의 역량을

최대한 끌어낼 수 있는 프롬프트 디자인 노하우와 역량을 쌓아간다면

비즈니스 현장에서의 생산성은 비약적으로 향상될 것입니다.

인공지능을 동료 삼아 함께 일한다는 것은 마치 현장 경험은 조금

부족하지만 무지 똑똑한 신입사원 혹은 개인비서 수십 명이 나를

지원하는 것과 같은 경험을 할 수 있을 것입니다.

프롬프트 디자인 :
인공지능을 읽는 능력

지금까지 살펴본 것처럼 챗GPT와 같은 인공지능 모델을 잘 활용하기

위해서는 '프롬프트 디자인'을 잘하는 것이 매우 중요합니다.

이는 언어 모델 기반의 인공지능을 잘 활용하기 위한 것뿐만 아니라,

프롬프트 디자인 능력을 통해 우리는 인공지능을 읽어낼 수 있기

때문입니다.

좋은 프롬프트를 디자인하기 위해서는 해당 인공지능 모델이 어떤

구조로 이야기했을 때 잘 알아듣는지를 파악하고 있어야 하고, 어떤

단어를 썼을 때 좀 더 명확한 이해를 하는지, 어떤 입력에 대해 편향적인

결과를 내는지, 그 편향적인 결과를 수정하려면 입력을 어떤 방식으로 수정해야 하는지 등을 알아야 합니다.

그렇기 때문에 앞서 언급했던 '딥러닝', '트랜스포머', '셀프-어텐션 매커니즘'과 같은 이론적 배경을 알면 인공지능을 더욱 잘 활용할 수 있다는 말씀을 드렸던 것입니다.

현재 인공지능 분야에서는 프롬프트 디자인 능력에 대한 의견이 분분합니다.

언어 모델의 빠른 발전으로 미래에는 사용자가 어떤 방식으로 질문을 하더라도 인공지능 모델이 정확하게 이해하고 응답할 수 있는 시대가 올 것이라는 예측도 있습니다. 정말 그런 시대가 도래한다면 프롬프트 디자인의 중요성은 점점 떨어질 것으로 보입니다. 저 역시 언젠가는 이런 시대가 올 것이라 것을 의심하지 않습니다.

그렇지만 저는 다음과 같은 이유 때문이라도 프롬프트 디자인 능력이 여전히 중요하다고 생각합니다.

먼저, '개떡같이 말해도 찰떡같이 알아듣는' 언어 모델이 나오기까지의 시간을 예측하기 어렵습니다. 현재의 기술 발전 속도를 기준으로 봐도, 이러한 모델의 등장은 아직 상당한 시일이 걸릴 것으로 보입니다.

prompt deep neural network, black box

그 사이에도 다양한 분야에서 인공지능과의 상호작용이 필요하고, 이를 위해서는 효과적인 프롬프트 디자인 능력이 필수적입니다.

그리고 두 번째로 '블랙 박스' 문제가 있습니다.

앞에서 '딥러닝'과 GPT-4의 '신생능력'을 설명할 때, 인공지능은 인간이 이해하기 어려운 수준의 함수를 만들어내기 때문에 우리는 왜 그런 일이 발생하는지, 어떤 연산 과정을 거쳐서 이러한 답변이 나왔는지 정확하게 이해하고 설명하는 것이 어렵다고 이야기했습니다. 이러한 '알 수 없는 영역'을 '블랙 박스^{Black Box}'라고 합니다.

언어 모델은 날이 갈수록 그 크기와 복잡성이 증가하고 있습니다. 불과 몇 년 전까지만 해도 몇천만 개에 불과했던 매개변수의 숫자가 이제는 수천억, 수조 개에 다다를 정도로 언어 모델은 거대해지고 있습니다. 언어 모델의 크기와 복잡성이 증가할수록, 그 작동 원리는 점점 더 인간이 이해할 수 없도록 블랙 박스화가 되어갑니다. 이는 곧 인공지능 모델의 내부 동작이나 결과를 이해하고 설명하는 것이 더욱 어려워진다는 것을 의미합니다. 그렇기 때문에 입력과 결과 사이의 인과관계를 추론할 수 있는 인간의 프롬프트 디자인 능력은 더욱 중요해질 것입니다.

● 언어 모델 사이즈의 변화

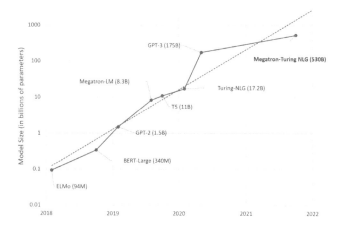

(출처 : https://huggingface.co/blog/large-language-models)

세 번째는 언어 모델의 학습에 활용되는 데이터의 넓은 범위와 관련이 있습니다.

GPT와 같은 초거대 모델을 개발할 때, 인공지능 모델이 학습하는 데이터는 특정 분야에 국한되지 않습니다. 오히려 가능한 모든 데이터로 학습을 시켜 거대한 모델을 만들기 때문에 다양한 주제에 대응할 수 있는 범용 모델로 사용할 수 있는 것입니다.

이를 '파운데이션 모델Foundation Model'이라고 부르며, 이는 '미세조정 Fine Tuning'이나 '강화학습Reinforcement Learning' 과정을 거쳐 특정한 분야에서 활용될 수 있는 모델로 변형됩니다.

파운데이션 모델은 예를 들어, 엄청난 양의 지식을 습득한 새내기, 신입사원과 같다고 볼 수 있습니다. 매우 똑똑하고 많은 것을 알고 있지만, 특정 분야에서의 실무 경험이 부족합니다.

그래서 이런 '똑똑한 새내기'를 우리의 산업에서 우리의 영역에 맞는 일을 할 수 있도록 훈련을 시켜야 합니다. 그러려면 해당 분야에서 사용되는 용어와 같은 지식을 전달하고, 업무 케이스 등을 습득할 수 있도록 케이스 스터디를 시켜야 합니다. 이러한 과정을 통해 '강화학습' 단계를 거치면 해당 산업과 영역에서 기존 지식을 활용하여 업무를 수행할 수 있는 수준이 되는 것입니다.

● 파운데이션 모델 개념도

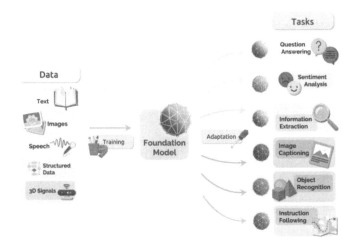

(출처 : NVIDIA)

● 파운데이션 모델   ● 강화학습

(출처 : https://blogs.nvidia.co.kr/ | wikidocs.net)

학습 과정이 훌륭했다면, 대부분의 일을 잘 해낼 수 있을 것입니다.

그러나 현실에는 학습되지 못한 수많은 케이스들이 있고, 또 그것을

풀어가는 과정에는 다양한 응용 방법이 존재합니다. 이때는 경험 많은

선배나 선임의 적절한 가이드가 필요합니다.

당연히 인공지능 모델도 마찬가지입니다. 인공지능 모델이 학습하는

데이터는 과거의 것입니다. 이는 인공지능 모델이 해당 시점으로부터

미래의 데이터인 현재의 데이터를 미리 학습할 수 없다는 것을

의미합니다.

따라서 인공지능 모델은 항상 추론을 통해 판단을 내리며, 과거의

데이터를 바탕으로 확률적으로 계산해 현재 가장 가능성이 높은 결과를

선택하게 됩니다.

이러한 과정을 감안했을 때, 우리는 인공지능 모델이 어떤 목표나

결과를 달성하기 위해서는 인공지능 모델에게 필요한 데이터가

무엇인지, 그리고 그 데이터를 어떤 형태로 어떻게 제공해야 하는지를

우리 자신이 스스로 결정할 수 있어야 합니다.

특히, 언어 모델의 경우에는 프롬프트를 어떻게 디자인할지 결정하는

능력이 매우 중요합니다.

만약 우리가 하는 일이 과거의 패턴이나 주기성으로부터 큰 변화가 없는 일이라면, 미리 학습된 데이터만으로도 충분한 결과를 얻을 수 있을 것입니다. 하지만 대부분의 현실은 그렇지 않습니다. 이런 이유로 저는 현재의 인공지능에게 부족한 부분을 인간이 제공하기 위해서라도 프롬프트 디자인 능력이 필수적이라고 생각합니다.

프롬프트 디자인은 어떤 프롬프트를 사용하면 인공지능 모델이 가장 효과적으로 작동할지, 그리고 왜 인공지능 모델이 기존 프롬프트를 바탕으로 적절한 답변을 생성하지 못했는지(데이터 부족인지, 프롬프트 제어 미흡인지 등)를 판단하는 능력을 포함합니다.

이를 통해 우리는 즉각적으로 업무 효율성을 높일 수도 있고, 동시에 더 정확한 인공지능 모델을 만들기 위한 기반을 마련할 수도 있습니다.

따라서 프롬프트 디자인 능력은 단순히 인공지능과 언어적 대화 구조를 설계하는 것을 넘어서, 인공지능 모델의 '구조'와 '심리'를 이해하는 능력까지 포함되어야 합니다.

인공지능 모델의 학습 범위가 넓어질수록 프롬프트 디자인 능력은 더욱 중요해질 것입니다. 특히, 향후 인공지능의 발전에 따라 프롬프트 디자인 능력은 미래 사회에서 더욱 중요한 역량이 될 것입니다.

프롬프트 디자인을 잘하면
환경을 보호할 수 있다

프롬프트 디자인은 환경보호와도 연관이 있습니다. 무슨 뜬금없는

환경보호 이야기인가 생각하시는 분들도 계실 수 있지만, 지금부터

설명하는 이야기를 잘 들어보면 충분히 납득하실 것이라 생각합니다.

챗GPT를 비롯하여 성능 좋은 인공지능 모델들은 어마어마한 규모의

데이터센터에서 수천, 수만 대의 GPU와 TPU 같은 컴퓨팅 자원을

활용하여 엄청난 양의 데이터셋을 학습합니다.

우리는 집에서 컴퓨터만 켜놔도 방의 온도가 올라간다는 것을

경험적으로 잘 알고 있습니다. 그렇다면 이미지와 같은 초대형

● 데이터센터 이미지

prompt huge data center

데이터센터의 경우는 어떨까요? 이렇게 많은 컴퓨터를 효율적으로 운영하기 위해서는 컴퓨터가 연산을 잘할 수 있는 적정온도를 맞춰줘야 합니다. 때문에 데이터센터에는 너무 더워지지 않도록 충분한 냉방시설이 필요합니다.

일설에는 GPT-3를 훈련시키는 데에만 약 70만 리터의 물이 사용됐다고 합니다. 지금도 우리가 챗GPT와 한번 대화를 하기 위해서는 500밀리리터 정도의 물이 사용된다고 하네요. 그럼 대화의 길이가 짧을수록, 원하는 답변을 한 번에 얻어낼수록 필요로 하는 물의 양은 줄어들 것입니다.

이미 우리는 대인공지능의 시대에 접어들었습니다. 지금도 인공지능을 많이 활용하고 있지만, 앞으로는 인공지능 모델과 연결되지 않은 서비스를 찾아보기 힘들 정도로 많은 부분이 인공지능과 결합되어 우리와 함께 살아갈 것입니다.

일례로 우리는 현재 화석연료를 사용하지 않을 수 없는 환경에 살아가기 때문에 환경보호를 위해 탄소저감장치나 저유황유를 개발하는 등의 노력을 기울이고 있습니다.

이와 마찬가지로 대인공지능의 시대를 살아가는 우리에게는 환경보호를 위해서라도 효율적인 인공지능 사용법을 익힐 필요가 있습니다. 그리고 그 방법 중 가장 간단한 방법이 효과적인 프롬프트를 디자인하고 그것을 사용함으로써 인공지능 데이터센터의 컴퓨팅 파워를 절약하는 것입니다.

5장

앞으로 우리는
어떻게 해야 하나?

인공지능은
우리의 친구입니다

대인공지능의 시대를 맞이하여 우리는 우선 인공지능을 우리의

친구이자 동료 그리고 도구로 보는 것이 중요합니다.

인공지능은 우리와 경쟁하는 상대가 아닙니다. 오히려 인공지능을

우리가 하는 일의 효율성을 높여줄 수 있는 도구로 활용하여 똑똑하게

일을 해야 합니다. 그러므로 인공지능을 더 잘 이해하기 위해 노력하고,

실제로 인공지능 서비스를 자주 사용해 보면서 인공지능과 친숙해지는

과정이 필요합니다.

우리가 처음 스마트폰을 접했을 때를 생각해보겠습니다. 스마트폰이

처음 나왔을 때, 우리는 스마트폰을 어떻게 사용할지 몰라 스마트폰을 제대로 사용하지 못했습니다. 심지어 스마트폰 사용에 어려움을 겪는 사람도 있었지요.

하지만 시간이 지나면서 스마트폰의 다양한 기능을 알게 되었고, 어떻게 사용해야 하는지도 익히면서 스마트폰은 우리의 생활에서 없어서는 안 될 중요한 도구가 되었습니다.

인공지능과 친숙해지고 인공지능의 사용에 익숙해지는 과정도 이와 같습니다. 늘 옆에 두고 자주 사용해보는 것이 중요합니다. 하다못해 심심할 때 그냥 가벼운 채팅 상대로라도 인공지능을 사용해보시는 것을 추천합니다.

미래의 인공지능은 현재 우리가 사용하는 엑셀과 같은 역할을 할 것 같습니다. 누구나 인공지능을 사용하지만, 사용하는 용도는 사람마다 다를 것입니다. 엑셀의 경우 많은 사람들이 업무용 문서작성의 도구로 사용하고 있지만, 일부는 엑셀을 활용해 프로그램을 만들어 사용하기도 합니다.

이런 일부의 사람들은 다른 사람들보다 압도적으로 높은 생산성을 보여줍니다. 특히, 데이터 분석이나 보고서 작성 등과 같이 많은 시간이 걸리는 일에서 더 높은 효율성과 정확성을 보여줍니다.

인공지능도 마찬가지입니다. 인공지능을 잘 이해하고 사용 능력을 갖추면 엑셀과는 비교도 안 될 정도로 높은 효율성과 생산성을 보여줄 수 있습니다. 때문에 다가올 미래 사회에서 인공지능을 활용하는 능력은 비즈니스를 위한 핵심 역량이 될 것입니다.

단점도 활용할 만큼
이해도가 높아야 합니다

인공지능의 장점을 잘 활용하는 것만큼 인공지능의 단점을 이해하는

것도 중요합니다. 그리고 인공지능의 단점들을 어떻게 장점으로 바꿀

수 있을지에 대해서도 끊임없이 생각해야 합니다.

예를 들어, 인공지능 모델은 때때로 '환각효과Hallucination'를 발생합니다.

이는 인공지능이 학습한 적 없는 상황에 대해 예측하려 할 때, 혹은

과거에 학습한 정보를 바탕으로 새로운 상황을 이해하려고 할 때

일어나는 현상입니다. 이런 현상은 인공지능이 정확하지 않은 결과를

내놓게 만들 수 있기 때문에 일반적으로 인공지능의 단점이라고 알려져

있습니다.

● 요즘 똑똑해진 챗GPT

prompt 세종대왕 맥북 투척 사건에 대해 알려줘

세종대왕 맥북 투척 사건은 대한민국에서 2019년에 발생한 사건으로, 해당 사건과 관련된 정보를 찾을 수 없습니다.

세종대왕은 조선 시대 중기에 살았으며, 조선 왕조 제4대 왕으로서 한글을 창제한 것으로 잘 알려져 있습니다. 그러나 맥북과 같은 기술적인 개념이 그 시대에는 존재하지 않았기 때문에, "세종대왕 맥북 투척 사건"에 대한 내용은 사실이 아닐 가능성이 높습니다.

만일 다른 주제에 대해 질문이 있다면 언제든지 도와드리겠습니다. 다른 질문이 있으면 알려주세요!

● '환각효과는 여전히 발생하고 있다'

백범 김구(1879-1949) 선생과 영국의 마가렛 대처(Margaret Cooper, 1893-1977) 수상은 대한민국 독립 당시의 교류에 대한 중요한 사례 중 하나입니다.

백범 김구는 대한민국 독립운동의 중심 인물 중 한 명으로, 미국에도 유학하여 서양의 자유주의와 민주주의를 배웠으며, 후에 만주에서 대한독립군을 조직하여 일본 제국주의에 대항했습니다.

영국의 마가렛 대처는 영국인 여성으로, 대한독립운동을 지원하는 데 큰 역할을 했습니다. 1919년 대한민국 독립선언 이후 한국이 일본 제국의 식민지로 항거한 상태에서 일어난 '3.1운동'은 대한민국 독립운동의 큰 이벤트 중 하나였습니다. 이때, 영국의 대처는 중요한 역할을 수행했습니다.

대처는 영국인 병사의 부인이자 한국 교회 선교사로, 3.1운동이 발생하면서 식민지 당국의 폭력적인 탄압과 억압을 목격했습니다. 이에 대처는 감동을 받아 이들을 지원하기 위해 영국으로 돌아가서 독립운동의 실제 상황과 일본의 잔인한 폭력에 대해 보고서를 작성하고 이를 영국 국내의 언론과 정부에 전달했습니다. 그 결과 영국의 일부 국민들은 대한민국 독립운동을 지지하고 동정을 표했으며, 대한독립군과 함께하는 한국인 학생들에게도 보다 더 많은 지원을 제공하게 되었습니다.

이후 영국 내에서는 대한독립운동을 지원하는 자원봉사자들이 많이 모여 독립운동과 관련된 활동을 전개하게 되었습니다.

백범 김구 선생과 영국의 마가렛 대처는 서로 다른 국적과 문화를 가진 두 사람이지만, 대한민국의 독립을 위해 힘을 합쳐 노력한 좋은 예시입니다. 이들의 노력은 대한민국 독립운동의 성공과 국제적 지지를 얻는 데 큰 도움이 되었습니다.

prompt 백범 김구 선생과 영국의 마가렛 대처 수상의 교류에 대해 알려줘 환각효과의 대표적인 사례를 말씀드리면, 챗GPT 초기에 한창 유행했던 '세종대왕 맥북 투척 사건'이나 '명량해전 당시 이순신 장군이 아이폰을 바다에 빠트린 사건' 등이 있었습니다.

지금은 이러한 역사적 사실과 현대 기기를 인식하고 그런 사실이 없다고 대답하지만, 이렇게 유명해진 밈meme이 아닌 경우 여전히 환각효과가 발생하고 있습니다. 이는 생성형 인공지능을 활용한 서비스를 만들 때, 극복해야 하는 장애요소이기도 합니다.

이러한 환각효과 때문에 역사적 사실을 알려주는 서비스나 오류가 없는 정답을 제공해야 하는 서비스에서 생성형 인공지능이 만든 답변을 제공할 수는 없을 것입니다. 하지만 환각효과를 단점이 아닌 장점으로 활용할 수는 없을까요?

이 환각효과를 창의성을 촉발시키는 요소로 활용할 수 있을 것입니다.

프롬프트 구성 예시에서 들었던 것처럼 작가가 새로운 이야기를 만들 때의 컨셉 작가로서의 역할을 부여할 수도 있고, 이 책의 곳곳에 들어간 인공지능이 그린 이미지처럼 새로운 이미지를 만들어낼 수도 있습니다.

이미지와 관련된 일에서 가장 힘든 것은 내 머릿속에 있는 상상의 이미지를 상대방이 이해할 수 있도록 묘사하고 설명하는 것입니다.

작업 결과물이 나오면 그때부터는 결과물을 보면서 일을 진행할 수 있어 일이 수월해지지만, 그 작업 결과물을 만들어내기까지 수십 분에서 수십 시간의 물리적 시간이 필요합니다. 때문에 생각을 떠올린 그 자리에서 바로 일을 진행할 수 없다는 단점이 있었습니다.

예를 들어, 지금부터 주방 인테리어 작업을 시작한다고 해보겠습니다. 고객의 요청사항은 전체적으로 화이트톤에 밝은 조명들이 있고, 가운데에는 커다란 아일랜드 식탁이 자리 잡은 주방 디자인을 원한다고 했습니다.

여러분들의 머릿속에는 어떤 이미지가 떠오르시나요? 혹시 다음 이미지 중 비슷한 것을 상상하셨나요?

놀랍게도 이것은 그냥 고객의 요구사항을 프롬프트로 입력하여 1분도 안 걸려서 만들어진 생성형 인공지능의 이미지입니다. 아마 인테리어 관련된 일을 하고 계신 분들이라면, 이 이미지만 봐도 어떤 소재를 쓰고, 어떻게 배치하고, 수정해야 할 부분이 어디인지 한눈에 보일 것 같은데요. 고객의 요구사항을 눈앞에서 1분도 안 걸리는 시간에 출력하고, 마음에 드는 이미지가 나올 때까지 반복적으로 다른 이미지를 무한히 생성할 수 있다는 것은 어마어마한 장점이 될 것입니다.

이처럼 환각효과는 새로운 아이디어를 창출하거나 창의적인 문제를 해결하는 데 도움을 줄 수 있습니다.

그래서 우리는 이러한 인공지능의 특성을 잘 활용하는 방법을 배워야 합니다. 어떤 상황에서는 인공지능의 단점을 활용하여 새로운 문제를 해결할 수 있기 때문입니다.

반면에 오류 없는 정답을 도출하거나 높은 정확도의 답변을 요구하는 상황에서는 이러한 인공지능의 특성이 문제를 일으킬 수 있습니다. 그런 경우에는 다른 방식의 적합한 인공지능 모델을 활용해야 합니다.

언제 어떤 상황에서 인공지능 모델을 사용하고, 그것을 어떻게 활용할지를 알아야 합니다. 이는 시간, 장소, 상황(TPO)에 따라 다르게 적용될 수 있습니다. 이렇게 인공지능의 단점을 이해하고 그것을 잘 활용하는 능력은 일을 더 효율적으로 하고, 더 똑똑하게 일할 수 있도록 도와줄 것입니다.

인공지능 규제에 관한
논의의 시작

미국과 유럽에서는 이미 인공지능의 활용에 대한 사회적 논의가

시작되었습니다. 역사적으로 기술의 발전은 사회의 변화로

이어졌습니다. 그러나 이러한 변화 때문에 발생하는 문제를 인식하고

대응하는 데는 때때로 긴 시간이 걸렸습니다.

일례로 18세기 산업혁명이 시작된 이후 아동 노동에 관한 일련의

법, 이른바 공장법의 도입(1844년)까지는 거의 100년의 시간이

걸렸습니다. 공장법은 9세에서 13세의 아동 노동을 하루 9시간 이하로

제한하는 법입니다. 결국, 이 법이 제정되기까지 100년 동안 9~13세의

아동들이 하루 9시간 이상 일했다는 의미입니다. 고된 노동에 시달린

아이들이 사망하거나 불구가 되는 사회적 부작용을 겪고 나서야 이
문제를 인식하고 법이 만들어진 것입니다.

지금의 기준으로 보면 말도 안 되는 일 같지만 기술의 발전은 때때로
사회적 합의나 논의가 준비되기 전에 이루어지기 때문에 대인공지능의
시대를 맞이하는 우리도 얼마든지 이런 일을 겪을 수 있습니다.
그나마 우리가 아직 늦지 않은 것은 '공장법'이나 '인간복제 금지법'과
같이 빠른 기술의 발전으로 인한 부작용을 겪었거나 겪었을지도 모르는
인류사적 경험을 이미 했다는 것입니다. 따라서 인공지능의 시대에
예상되는 문제점들을 미리 생각해볼 수 있고, 그것에 대비할 수 있는
경험치를 갖고 있습니다.

● 공장법 내용(영문)　　● 인간복제 금지법 내용

(출처 : 위키피디아 | 법제처)

경험치를 갖고 있는 만큼 우리는 더 빠르게 대인공지능의 시대에

대응할 필요가 있습니다. 대인공지능의 시대는 이미 문이 열렸고, 이에

따른 변화와 문제를 예측하고 대응하기 위해서는 각계각층의 사람들이

인공지능에 대한 이해를 바탕으로 사회적 합의를 위한 의견을 제출해야

합니다.

그런데 지금 현재 우리 주변에서 인공지능에 대한 이야기를 누가

하고 있나요? 주로 인공지능을 만든 개발자나 인공지능을 연구하는

과학자들이 주로 이야기를 하고 있지 않은가요?

이것은 우리 모두의 문제입니다. 만약 우리가 무관심한 상태로 시간을

보낸다면, 우리도 모르는 사이에 모든 것들이 '앗!'하고 결정되어 있을

것입니다.

자동차의 역사를 통해 우리는 인공지능의 시대에 어떻게 대비해야

할지를 알아볼 수 있습니다. 1901년 뉴욕은 마차가 거리를 가득 채우고

있었습니다. 자동차는 겨우 1대뿐이었습니다. 그러나 단 13년이 지난

후 뉴욕의 거리에서는 마차를 찾아보기 힘들 정도였습니다.

이처럼 새로운 기술이 최초로 등장한 시점부터 변화의 가속도는 점점

빨라져 어느새 모든 것이 변하게 됩니다.

● 마차의 시대(1901)에서 자동차의 시대(1913)로 전환된 뉴욕

인공지능은 마차의 시대에서 자동차의 시대로 전환되는 속도보다 훨씬 빠른 속도로 우리에게 다가오고 있습니다. 인공지능 관련 업계에서 일하는 제 입장에서는 매일매일 새롭게 쏟아지는 인공지능 소식을 쫓아가기가 힘들 정도로 빠르게 인공지능의 시대로 진입하는 것이 느껴질 정도입니다.

이렇게 빠른 변화의 속도에 사회가 적응하려면, 기존의 법과 제도를 단순히 개선하는 것으로 부족합니다. 인공지능의 시대에 맞춰 새로운 기술에 맞는 새로운 제도와 규정이 필요합니다.

마차의 시대에 적용되었던 교통 법규를 개선하는 것이 아니라 자동차의 시대에 맞는 새로운 도로교통법이 필요했던 것처럼 인공지능의 시대에는 인공지능 기술에 맞는 새로운 사회적 제도와 규정이 필요합니다.

그런데 문제는 새로운 법을 만들기 위해 필요한 충분한 이해가 항상 따라주지 못한다는 것입니다.

자동차의 시대를 맞이하여 세계 최초로 도입된 도로교통법은 영국의 '붉은 깃발법Locomotive Act'이었습니다. 자동차를 운행하기 위해서는 붉은 깃발을 든 기수를 앞세워야 하는 시대착오적인 규제였습니다.

● 붉은 깃발법

(출처 : Peter Jackson)

이로 인해 영국은 가장 먼저 자동차 산업을 시작했음에도 미국과 독일에 자동차 산업의 주도권을 빼앗기고 맙니다.

인공지능에 대한 잘못된 이해와 미숙한 이해에 기반한 법과 제도는 붉은 깃발법과 같은 시대 착오적인 규제를 낳을 수 있고, 그로 인한 엄청난 사회적 비용과 고통은 일반 국민이 떠안게 될 수도 있습니다.

따라서 우리 모두는 인공지능에 대한 올바른 이해와 그것을 바탕으로 한 의사결정을 할 수 있어야 합니다. 비록 인공지능 기술이 첨단 IT 기술이기는 하지만 그 영향력은 우리 모두에게 미치는 것이기 때문입니다.

인공지능과 관련된 의사결정 과정에 인공지능 전문가나 과학자들만 목소리를 내는 것이 아니라, 반드시 사회의 모든 구성원들이 참여하는 방식으로 의사결정이 이루어져야 합니다.

즉, 인공지능을 이해하고 사용하는 것은 결코 전문가들만의 전유물이 아닙니다. 모든 사람이 인공지능을 이해하고, 인공지능 관련 제도에 대한 의사를 표현할 수 있는 능력을 갖춰야 합니다. 그래야만 대인공지능의 시대에 걸맞는 사회적 합의를 원만하게 이뤄낼 수 있을 것입니다.

6장

인공지능의 연구는
계속되어야 한다

편향된 데이터로 학습된
인공지능 모델

잘 만들어진 파운데이션 모델의 인공지능을 미세조정하여 각 산업

분야의 특성에 적합한 인공지능으로 만드는 것은 매우 경제적이며

바람직한 인공지능의 활용 방법이라고 생각합니다.

매번 복잡하고 비용이 많이 드는 초거대 인공지능 모델을 새롭게

개발하고 구축하는 대신에, 이미 잘 만들어진 인공지능 모델을

효율적으로 활용하는 것이기 때문입니다.

초거대 인공지능 모델을 새롭게 만드는 것은 그 자체로 천문학적인

비용과 학습 시간 및 노력이 필요하며, 이것은 마치 같은 바퀴를

계속해서 재발명하는 것과 같습니다. 인류 전체의 관점에서 보면, 좋은 범용 모델의 인공지능을 잘 만들어서 각 분야에 맞게 수정하여 활용하는 것이 가장 효율적이고 합리적인 방법인 된다는 뜻입니다.

그러나 이와 별개로 우리는 여전히 다양한 인공지능 모델의 연구를 계속해야 합니다. 초거대 파운데이션 모델에 대한 연구는 물론, 각 문화와 지역에 특화된 작은 인공지능에 대한 연구도 지속되어야 합니다. 인공지능이 우리 사회와 문화의 다양성을 정확하게 반영하고 효과적으로 활용되기 위해서는 다양한 인공지능 모델이 반드시 필요합니다.

지금 우리가 사용하고 있는 인공지능 모델들은 대부분 미국에서 만들어진 것들입니다. 미국에서 연구되고 개발된 인공지능 모델들은 어쩔 수 없이 영어로 된 텍스트를 가장 많이 학습할 수밖에 없습니다. 그렇기 때문에 지금 우리가 사용하는 인공지능 모델들은 영어 텍스트에 대한 이해능력이 가장 우수하고, 서구 문화에 대한 이해도가 가장 높을 수밖에 없습니다.

글로벌 공통 영역에서 사용하기에는 큰 문제가 없지만, 인공지능 모델들이 내놓은 결과물을 보면 어쩔 수 없이 문화적 뉘앙스가 느껴져

prompt 맥앤치즈

prompt 마르게리타 피자

이질감을 느끼는 경우가 많습니다.

앞서 인테리어 디자인을 생성했던 인공지능과 같은 이미지 생성 모델을 통해 우리가 쉽게 접하는 음식의 이미지를 생성해봤습니다. 인공지능에 제공한 프롬프트는 중국어만 제외하고 모두 한국어로 입력했습니다.

맥 앤 치즈, 마르게리타 피자의 경우 한국어로 프롬프트를 입력하여도 원래 우리가 아는 맥 앤 치즈와 마르게리타 피자의 이미지가 생성되지만, 된장찌개의 경우 우리에게 익숙한 된장찌개의 모습이 아닙니다. 뭔가 이질적이죠.

이미지 생성 인공지능이 생성한 된장찌개 이미지는 우리나라의 된장찌개보다는 일본의 된장국인 '돈지루' 같이 보입니다. 그리고 '锅包肉(꿔바오러우)'는 중국어의 한자 그대로 '솥(锅)'에 '고기(肉)'가 '포장(包)'된 모습입니다. 이는 인공지능 모델이 '锅包肉(꿔바오러우)'를 음식의 이름으로 이해하지 못했기 때문입니다.

이처럼 학습 데이터로 사용된 이미지가 이미 편향적이기 때문에, 어떤 프롬프트를 입력하더라고 우리가 원하는 결과를 내놓지 못하는 경우가 있습니다. 인공지능에게 답변을 요구하는 내용이 해당 문화권의

● 꿔바로우는 어느 성의 이름이었을지도 모르겠습니다⋯.

prompt 꿔바로우

사람들이나 해당 문화에 대한 문화적 이해를 갖고 있는 사람만이 파악할 수 있는 뉘앙스의 문제라면 더더욱 우리가 원하는 결과를 얻지 못할 수도 있습니다.

인공지능 모델의 학습과정에서 사용된 데이터셋이 특정 지역이나 문화에 치우쳐 있다면, 해당 인공지능 모델의 출력 결과 역시 편향된 결과를 보여줄 것입니다. 이것은 학습 데이터가 인공지능 모델의 '경험' 또는 '기본지식'을 구성하기 때문에 발생하는 불가피한 현상입니다.

앞선 사례에서 봤던 것처럼 만약 인공지능 모델이 서양의 음식 데이터를 주로 학습했다면, 해당 인공지능 모델은 동아시아의 음식 이미지를 구현하는 데 어려움이 있을 수 있습니다.
왜냐하면, 인공지능 모델의 '경험'. 즉, 학습 데이터에 동아시아의 음식 이미지에 대한 충분한 정보가 포함되어 있지 않기 때문입니다.

반대로 우리나라 사람들은 유럽 각국의 전통 음식이나 중앙아시아의 전통 음식을 구분하는 데 어려움을 겪을 수 있습니다. 우리 역시 해당 지역의 전통 음식을 접하거나 학습할 기회가 많지 않았기 때문입니다. 이처럼 인공지능 모델도 우리와 같이 그들이 '경험'하거나 '학습'한

정보에 근거하여 판단하고, 그 정보가 한정적이거나 특정 지역이나
문화에 치우쳐 있을 경우에는 그 결과 역시 편향될 수밖에 없습니다.

이러한 현상은 인공지능 모델의 잘못도 아니고, 그것을 학습시킨
사람의 잘못도 아닙니다. 만약, 의도적으로 편향된 데이터를 활용해
학습을 시켰다면 잘못이겠지만, 인공지능 모델을 학습시키는 과정에서
어쩔 수 없이 편향된 데이터를 제공할 수밖에 없었을 것입니다.

대부분의 평범한 사람들도 중립적이고 다양한 시각을 갖기 위해
노력하지만, 결국 모든 판단은 자신의 경험과 지식에 근거하기 때문에
편향적일 수밖에 없습니다. 이런 것은 자연스러운 현상이지만 이러한
편향성을 가진 인공지능 모델이 내놓는 결과물이 특정 지역이나
문화권에 속한 사람들에게 문제를 야기할 수 있는 것 또한 사실입니다.

이러한 문제를 해결하기 위해서 우리는 특정 지역이나 문화권에 적합한
인공지능 모델을 개발하고 지속적으로 학습시켜야 합니다. 즉, 다양한
배경과 경험을 가진 사람들의 데이터를 반영하여 인공지능 모델을
학습시키는 것입니다.
이런 접근법을 통해 인공지능 모델은 보다 폭넓게 다양한 사람들의

생각과 경험을 이해하고, 이를 바탕으로 더 나은 판단을 할 수 있게 될 것입니다. 이는 곧 대인공지능의 시대에 사람들의 다양성을 존중하고, 이를 반영하여 보다 정확하고 공정한 결과를 도출하는 것에 도움이 될 것입니다.

인공지능 세대를 위한
인공지능

현재 우리는 대인공지능의 시대를 맞이하는 1세대라고 할 수 있습니다.

인공지능 1세대인 만큼 인공지능 기술의 수혜를 가장 많이 받는

세대라고 생각합니다.

모든 산업과 장치에 인공지능이 결합될 것이고, 그렇게 인공지능과

융합된 새로운 세상은 인공지능 이전과는 차원이 다른 편리함을 선사할

것이기 때문에 가장 많은 효용을 느낄 것입니다.

그럼 현재 인공지능 기술을 맞이하는 세대와 달리 인공지능이

일반화되고 대중화된 진정한 의미에서 대인공지능의 시대를 살아갈

미래 세대는 어떨까요?

전화하는 시늉을 예로 들어볼까요? 전화를 한다는 의미를 손으로
어떻게 표현하시나요? 저는 엄지손가락과 새끼손가락을 펼쳐서 귀와
입에 갖다 대는 세대입니다. 그런데 태어날 때부터 스마트폰을 접했던
요즘 아이들은 전화하는 시늉을 할 때, 얼굴에 손바닥을 갖다 댑니다.

유선 전화기부터 스마트폰까지 발전 과정을 쭉 경험하고 자란 저는
전화기에 전화선이 연결되어 있어야 할 것 같고, 수화기를 손에 들고
귀에 갖다 댄다는 그런 이미지가 아직까지 잠재의식 어딘가에 깊숙이
남아있나 봅니다. 손바닥으로 전화하는 시늉을 따라하는 것은 아무래도
어색합니다.

그렇지만 태어났을 때부터 이미 스마트폰을 보고 자란 아이들은
전화하는 시늉을 할 때, 자연스럽게 손바닥을 얼굴에 갖다 대더라고요.

기성 세대에게는 이질감이 느껴지는 행동과 어색함들이 새로운
세대에게는 자연스러운 행동이 될 수 있습니다.
저는 인공지능과 함께 살아갈 앞으로의 세상도 그렇게 될 것 같습니다.
우리는 인공지능이 만들어낸 정보를 의심하고, 뉘앙스에서 어색한
부분을 느낄 수 있습니다. 인공지능 이전의 경험이 더 많이 녹아들어

있기 때문일 것입니다.

그러나 인공지능의 시대에서 성장할 새로운 세대는 어떨까요?
인공지능 모델이 만들어내는 이미지, 데이터들을 전혀 어색하지 않게
느끼지 않을까요?
인공지능 모델이 제공하는 정보와 판단을 그대로 받아들이고, 이를
기반으로 세상을 이해하고 행동할 가능성이 높다고 생각합니다. 이러한
상황에서 인공지능이 제공하는 정보와 판단에 편향이 있을 경우,
엄청난 문제를 일으킬 수 있습니다.

우리가 자주 사용하는 초거대 파운데이션 모델은 앞으로도 서구 중심의
데이터로 학습될 가능성이 높습니다. 지금도 그렇지만 이런 모델들이
생성하는 정보와 판단에는 서구 문화의 가치관이 반영되어 있을
가능성이 매우 큽니다.
이런 인공지능 모델이 제공하는 판단이나 정보가 우리를 비롯한 다른
국가와 민족에게는 부적절하거나 이질감을 느끼게 할 수도 있고,
이것을 이상하다고 여기는 세대와 자연스럽다고 여기는 세대 사이에서
세대 갈등이 발생할 수도 있습니다.

어느 사회나 세대 갈등은 나타날 수 있지만, 이렇게 편향된 인공지능 모델이 생성한 데이터와 판단 때문에 발생하는 세대 갈등은 겪지 않아도 되는 것이라 생각합니다. 따라서 우리는 각자의 문화와 가치관에 부합하는 인공지능 모델을 개발하고, 초거대 파운데이션 모델과 함께 병행하여 사용할 필요가 있습니다.

우리는 앞으로 인공지능과 함께 자라고 생활하게 될 미래 세대를 위해 인공지능의 다양성을 보장하고 편향을 최소화하기 위해 특정 영역에서의 인공지능 개발을 지속적으로 추진해야 합니다. 이를 통해 인류는 다양한 문화와 가치관을 반영한 인공지능 모델을 만들어낼 수 있으며, 이런 작은 단위의 인공지능 모델과 초거대 인공지능 모델을 결합하여 대인공지능의 시대에서 성장하는 세대들이 공정하고 다양성을 인정하는 세상에서 성장하도록 도울 수 있을 것입니다.

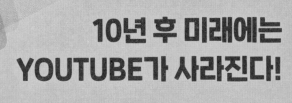

10년 후 미래에는
YOUTUBE가 사라진다!

10년 후 미래에는
판타지 세계에서 살아가는 인공지능 캐릭터의 삶을
엿보는 새로운 오락이 탄생할 것이다.
그 결과 유튜브 플랫폼은 사라질 수 있다!

경제·사회·문화·정치
미래를 상상하는 힘이
미래 격차를 만든다!

미래 기술의 발전이
어떻게 사회 가치관을
변화시키고
우리의 삶을 바꿀 것인가?
미래를 상상하는 힘으로
미래 격차에 대비하라!!

성공한 기획은 모두
집요한 관찰의 결과다!

26개의 일상적 오브제에서 피어올린
무한대의 딴생각, 단 하나의 크리에이티브!

BiC는 왜 멀쩡한 볼펜 뚜껑에 구멍을 뚫었을까?

다이슨은 어떻게 선풍기에서 날개를 제거할 수 있었을까?

전기차를 가장 잘 만드는 것도 아닌데 무엇이 테슬라를 세계 최고의 브랜드로 이끌었을까?

기획은 결국 크리에이티브이고, 크리에이티브는 당연한 세상을

낯설게 보는 것에서 시작한다!

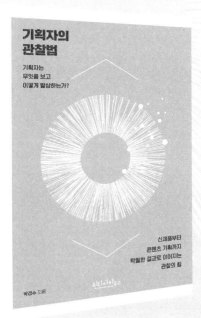

모두가 궁금했지만
아무도 묻지 못했던
부자를 향한 3개의 질문

"당신의 현재 자산은 얼마입니까?"

"처음 시작할 때 수중에 얼마가 있었습니까?"

"당신은 어떻게 부자가 되었습니까?"

죽은 원고도 살리는 업계 최고의
해결사가 취재한
총자산 2조 5,000억 원의 부자 25인의
일거수일투족.
낮에는 대기업을 다니는 평범한 생활인
이지만 밤에는 유명인들과 부자들의
책을 대필해주던 '유령작가'가
지금껏 한 번도 스스로를 드러내지 않은
'히든 리치'의 돈에 대한 철칙과
부의 축정 과정을
실시간으로 중계한다!